3度めの北欧

スウェーデン西海岸、空とカフェの日々

森 百合子 著

3度めの北欧　スウェーデン西海岸、空とカフェの日々

ヘルシンボリ　Helsingborg

ヨーテボリ　Göteborg

はじめに

はじめての北欧は建築とデザインめぐりの旅でした。
2度めの北欧は、思いきってダンスキャンプに参加。
蚤の市にあわせて旅程を組んだり、
お気に入りのコーヒーショップやビアバーの近くで
宿をとるようになったのは何度めの北欧だったでしょうか。

北欧のごはんがおいしいと気づいて
行ってみたいカフェが増えて
小さな街の店が気になって

旅のかたちは変わっていって
いつしか私の日常とつながるようになりました。
自分が何を好きで、どんな場所へ行きたいか
どんな風に暮らしたいか
北欧での日々は、たくさんのヒントをくれるのです。

それでは、3度めの北欧におすすめの
街と場所と人をご案内しましょう。

スコーネ地方とヨーテボリ

スウェーデン西海岸を旅する7つの理由

①蚤の市

北欧の暮らしとデザインに気軽に触れられる蚤の市。年に一度開催される、街をあげての巨大蚤の市はヨーテボリ名物。夏期は各街でさまざまな規模の蚤の市が開催されている。

②コーヒー

北欧コーヒーシーンをリードする店と人が集まる西海岸。勢いのあるコーヒーカルチャーが育つコペンハーゲンと近いため、お互いに影響しあってユニークな発展を見せている。

③クラフトビール

ヨーテボリはスウェーデンが誇るビールの街。スコーネ地方にも上質なブルワリーが増加中。ここでしか飲めない味もたくさん。

④ローカルなデザイン

いまの北欧を代表するクリエイターが暮らす西海岸。インテリアやファッション、デザイン雑貨のショッピングが楽しめる。

⑤海と島と森

群島にのぞむヨーテボリ、海に近いスコーネの街。森や湖もすぐそばにあり、旅の途中に自然の中でリフレッシュできる。

⑥グルメ

移民が多く各国の味がひしめくマルメ、魚介のおいしいヨーテボリ。オーガニック食品やベジタリアンメニューなどヘルシーな食も充実。

⑦旅がしやすい

日本との間に直行便が飛ぶコペンハーゲンから電車でまわれる西海岸。街をつなぐ電車の旅も快適。

旅のルート

マップにある移動時間は、
エーレスンド列車を利用
した場合の目安時間

ルート1　電車の旅

デンマークからエーレスンド海峡を
渡り、スウェーデンのスコーネ地方、
ヨーテボリまで電車でめぐる旅

高速列車 SJ Snabbtåg なら、
ヘルシンボリ〜ヨーテボリ間は
1 時間 40 分ほど

ルート 2　電車と船の旅

コペンハーゲンからヘルシンオアまで
電車で移動して、Scandlines フェリー
でヘルシンボリへ渡り、電車の旅へ

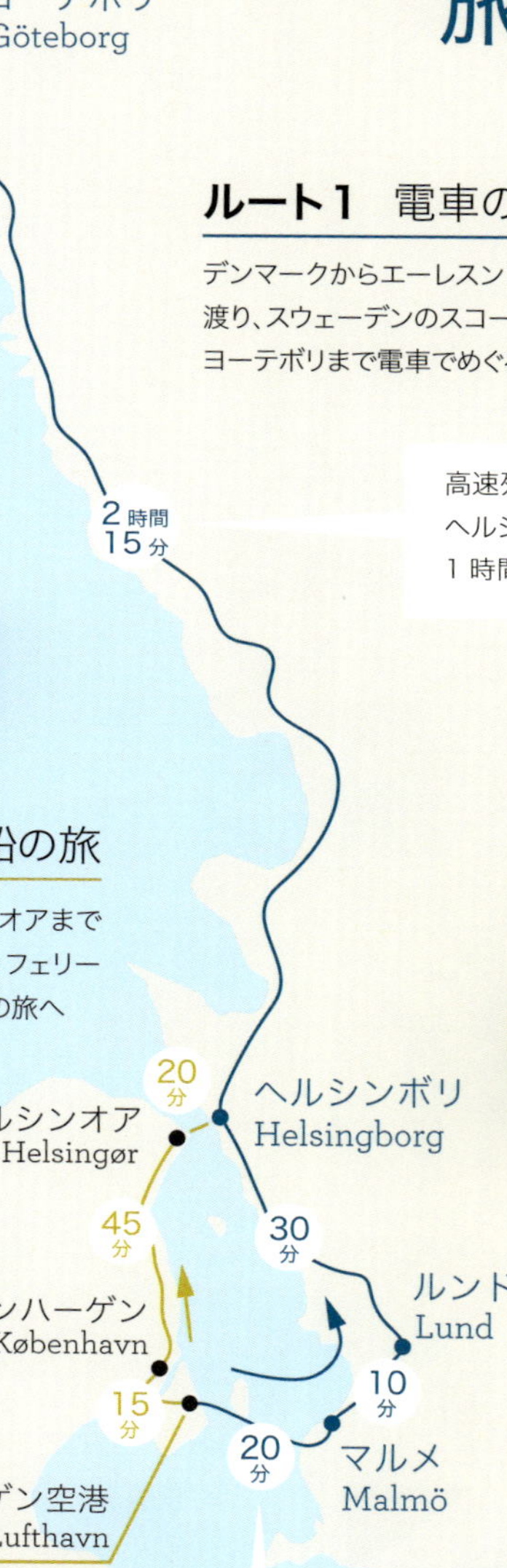

日本から直行便で約11時間

窓からエーレスンド海峡の
景色も楽しめる

日本から

スカンジナビア航空で成田空港からコペンハーゲンまで、
直行便で約11時間

フィンエアーでヘルシンキまで、直行便で約9時間30分
　ヘルシンキ～ヨーテボリ間は直行便で約1時間25分
　ヘルシンキ～コペンハーゲン間は直行便で約1時間40分

スウェーデン国内で移動

ストックホルム～ヨーテボリ間は
高速列車 SJ2000 で約3時間

電車の乗り方

乗車券は券売機または窓口で購入。行き先の街名を選んで人数を選び、1等車か2等車、片道か往復を選択して支払う。
2名以上で乗車する場合はデュオ（カップル）割やファミリー割がある。

発券されたチケットを持って乗車。日本のような改札がなく、車内で検札がまわるシステムなのでうっかりチケットなしで乗ってしまわないように！ 無賃乗車は多額の罰金を支払うことになるので要注意。

ベビーカーや自転車と一緒に乗る人のための簡易席車両があり、スーツケースの持ち込みもしやすい。

マルメ　Malmö

日本からいちばん近いスウェーデン

スウェーデン南西部に位置するマルメは、ストックホルム、ヨーテボリに続く第三の都市。隣国デンマークとは橋とトンネルでつながり、コペンハーゲン空港から電車でわずか20分ほどで到着する。東京と横浜間くらいの感覚で移動できるので、マルメに暮らしコペンハーゲンで働くなど日常的にデンマークと行き来する人は少なくない。コペンハーゲンは日本から直行便が出ているので、日本からもっとも気軽に行けるスウェーデンと言ってもいいかもしれない。

コペンハーゲンから電車で来る場合は、マルメ中央駅よりひとつ手前のトリアンゲルン駅で降りてもいい。トリアンゲルン駅周辺には雑貨店やセカンドハンドの店、カフェやレストランがひしめき街歩きにおすすめだ。

マルメはスコーネの中心地でもある。スコーネはスウェーデン最南部にある地方を指し、マルメの他にルンドやヘルシンボリ、イスタードやクリスチャンスタードなどの街が含まれる。17世紀までデンマーク領だったスコーネは、文化的にも言語的にもスウェーデンよりもデンマークに近いといわれ、スコーネの方言『スコンスカ』や赤地に黄色い十字を合わせた独自の旗があり、スウェーデンの中でも独特なカルチャーをもつエリアだ。

アニメでよく知られる『ニルスの不思議な旅』はスコーネを舞台にした物語で、アニメでも描かれていたどこまでも続く菜の花畑はスコーネを代表する景色。穏やかな気候と豊かな自然、そしてデンマークとスウェーデン双方の魅力を感じられる、旅におすすめの場所である。

マルメ中央駅の南に位置するトリアンゲルン
駅の周辺は買物客も多く、人通りが絶えない。

おいしい匂いのするエリア

Malmö

St.Knuts Torg

良いカフェの近くには良いベーカリーがある。そんな法則があると思う。良いカフェの近くに良いビアバーがあったり、良いランチ場所があったり。この辺りはいい匂いがするなあと感じる、そんなエリアを見つけると嬉しい。

マルメの街の東側に位置する聖クヌート広場付近は、そんなエリアだ。お腹が空いている時は煮込み料理やスープを揃えた『スプーナリー』へ。フランス風のブイヤベースからギリシア風のスープ、カレー味の煮込みなど、スプーンで食べられる一皿メニューが揃っている。クリーミーなソースとリンゴンベリーが添えられたスウェーデン風ミートボールもここで食べるとひと味違う。

向かいにはおしゃれで陽気な店主ヨハンナが腕をふるう『ウッグラカフェ』がある。スウェーデンやデンマークの焙煎所からスペシャルティコーヒーを仕入れて淹れるカフェラテやカプチーノは間違

いないおいしさで、スペシャルメニューのゴールデンミルクもおすすめだ。カルダモンやジンジャーなどスパイスをたっぷりと入れたミルクで、大きなグラスになみなみと注がれてきたのには驚いたけれど、思ったよりもずっと飲みやすくておいしかった。お手製のレモンタルトなどスイーツ類も充実していて、店の中でヨハンナとおしゃべりをしながら味わってもいいし、天気がよければ店が面する聖クヌート広場の木の下で食べるのも気持ちがいい。

　ウッグラの対面にはマルメの南東に位置する街イスタードで人気を誇るベーカリー『セーデルベリ&サラ』の支店がある。ここではエッグタルトをぜひ食べたい。濃厚なカスタードクリームをサクッとしたパイ生地で包んだ絶品だ。映画『かもめ食堂』でおなじみのシナモンロール（のスウェーデン版）もあるし、あれと同じ生地にもっとカルダモンを入れたカルダモンロールもおすすめ。スパイスたっぷりの菓子パンはコーヒーによく合い、スウェーデンではおやつの定番だ。店内で食べることもできるので、コーヒーと一緒

にスウェーデン式コーヒータイム、フィーカを楽しむのもいい。その道をさらに進むと居心地のいい小さなコーヒーショップ『No.6』がある。エスプレッソ系もドリップで飲むブラックコーヒーもおいしくて、コーヒー好きにはぜひここまでハシゴしてほしい。マルメに来たらまずはひと息つきたい、あれこれ食べ歩きたい。ここは、いつでもお腹を空かせて向かいたい、そんなエリアなのだ。

SPOONERY
Sankt Knuts väg 7
https://www.spoonery.se/

Uggla Kaffebar
Sankt Knuts Torg 16
http://www.ugglakaffebar.se/

Söderberg & Sara Sankt Knuts
Mäster Danielsgatan 3
http://www.soderbergsara.se/

Cafe No.6
Mäster Henriksgatan 6

北欧ビンテージを探す

Malmö

Teddys Antikshop

北欧のビンテージ食器好きが高じて小さな店を始めて、数年が過ぎた。北欧に行き始めた頃に比べて、そこそこ目は肥えたし、値段にも厳しくなってきた。街中のアンティークショップをいちいちのぞくこともしなくなった。それでもやっぱり足が向かう店がある。マルメのテディの店はそのひとつだ。

テディの店で買物をする理由は①品揃えがいい。②値段が良心的。③商品についてよく知っている。④話が面白い。④はおまけのようだけれど、この店に惹きつけられる理由のひとつがテディ本人であることは間違いない。

良い店の主はみな商品のことをよく知っている。ブランドについて、デザイナーについて、市場価値について、そして商品のコンディションについて。「ここにうっすらと貫入が入っちゃってる」「裏のここに小さく欠けがある」などなどこれだけ商品があるのによく把握してるなあと驚く。プロなら当たり前と思うかもしれないが、意外と適当な店もあるのだ。テディの店はアンティークショップの独特な匂いはあるものの埃っぽくはない。商品が常に触れられて動いているからだろう。

もちろん彼が知らない物もある。「うーん、いつの時代のものかなあ……アールデコっぽい感じもするよね」と言っていたゾウの置物はいま我が家の棚に並んでいる。出自がわからなくてもテディの目に選ばれていることがひとつの安心感になる。そう、彼の店で買物をするいちばんの理由は安心感なのだ。アンティーク商品はブームや稀少性で値段が上下するし、もっと安く買えた、もっとよい状態の物があったかもしれない……そう考え始めるとキリがない。テディの店では、自分は良い物を買えた、これで良かったのだと思える。アンティーク商品を扱う上で、その安心感って大事だなと売る側になっても思う。

店内をすみずみまで見て、欲しい物を集めたら、入口でコーヒーを飲んでいるか、向かいの

Teddys Antikshop Helmfeltsgatan 3

公園でピクニック中か、もしくは店内でテレビ観戦中のテディに声をかけて値段を確かめる。値札がついていない商品には、値付け用の機械でその場でテディが値を付けていく。値付けを終えると「えーと、計算はどっちがする?」とテディ。私がしようか、と告げると「まかせるよ」とほっとしたような顔をするのも可笑しい。

来店時にもう一人、店内で熱心に商品を物色している客がいた。聞くとポーランドから来て、主に照明や家具を買い付けているとのことだった。ポーランドでも北欧デザインが人気なの?と聞くと「いまは世界中でブームだよ。フランスやイギリスでもそうだし、ヨーロッパ中で人気だね」と答え「僕らはアメリカや日本のバイヤーほどお金がないからね。いい店をみつけてまわらないと手が出ないよ」と続けた。彼はテディにマルメでおすすめのアンティーク店や蚤の市についても尋ね、テディは律儀に答えていた。

最近、テディの店で私が必ず買って帰るのはソーサーだ。カップ&ソーサーの皿のみ。ケーキやクッキー、漬物などちょっとしたものを入れるのに案外と使い勝手がよく、何より安く買えるのが魅力だ。先日はスウェーデンでもとくに人気の高いスティグ・リンドベリがデザインしたアダムやスピーサリブというシリーズのソーサーを手に入れた。カップ&ソーサーで買おうとすれば日本では2万円近くすることもあるけれど、テディの店で買ったソーサーは数百円。逆にカップだけを購入することもある。ソーサーほど安くはないもののセットで買うよりだいぶ割安だ。「これのソーサーが見つかったらとっておいてね」と声をかけるとちゃんと手にとってサイズを確認し、シリーズ名とカップのサイズをメモしてくれた。

ストックホルムの街が描かれた小さなカップを手に持って「これいくら?」と尋ねたら、ニヤニヤしながら「0」と値札をつけてくれた。たくさん買ったからか、やりとりを面白がってくれたのか、たまにこうしたサプライズもあるのがまた嬉しい。

行列のできるパン屋さん

Malmö

Leve

マルメの街に行列のできるパン屋があるという。「行列のできる〇〇屋さん」は日本では雑誌やテレビの常套句だけれど、スウェーデンで、それもマルメで行列ができる店なんて結構めずらしいことだと思う。

『レヴェ』ではスウェーデンで大流行中のサワードウパンやドーナツが看板商品で、毎週金曜日には限定のドーナツが登場する。それを目当てに16時の焼き上がりのタイミングで行列ができるのだという。ただし最近は予約もできるようになったとのことで、当初の混雑ぶりは収まったようだけれど。

金曜日の16時半頃にお店を訪れると行列こそなかったものの、客が次々に訪れていた。その日の限定パンはキャロットケーキドーナツ。シナモンやジンジャー、カルダモンなどスパイスたっぷりのドーナツには生クリームのようなフロストがたっぷりとかかっているけれど、

Bageri Leve Östra Rönneholmsvägen 6 https://bagerileve.se/

聞くと卵も乳製品も使っていないという。レヴェでは厳選したオーガニックの材料を使用し、キャロットケーキのような昔ながらの味もビーガン向けに作っている。味もさることながらそうした姿勢も人気の秘訣なのだろう。菓子パンの他に見目麗しいケーキ類も充実しているけれど、この店でまず食べるべきはサワードウパンだ。噛むとほんの少しの酸味とともに小麦の味が口に広がる。野性味があるというのか、ストレートに小麦の旨味が伝わってくる。

「従来のパン屋のように夜中に焼くのではなく、私達は日中にパンを焼きます」と掲げるレヴェは、こちらのベーカリーではめずらしく朝11時と遅めの開店だ。環境に負担をかけずにビジネスをしていきたいと、店内の家具はすべて中古品で調達し、パンを焼くのはグリーン電力と徹底している。おいしいパンの裏側にあるストーリーを知って、新しい働き方ってこうやって生まれていくのだなと、ちょっと感動した。店内には座る場所もあるので、次はお昼時に焼き立てのパンでランチもいいなと思っている。

ヘルシーな北欧料理の夕べ

Malmö

Mineral / Kv. Åkern

おいしいベーカリーやカフェがひしめく聖クヌート広場の先には大人気のオーガニックレストラン『ミネラル』がある。メニューは100%ベジタリアン向けで、歩きまわって疲れ気味の旅人の体にも嬉しい。旬の野菜のマリネやタコスなどあれこれ注文した中でも、レモンを効かせたフェンネルのスープは組み合わせの妙とおいしさに驚いた。ドリンク類はすべてオーガニック製品で、人気のオレンジワインやクラフトビールも揃えてある。

天気が良い日の屋外席は混雑必至。満席だったら素直にあきらめよう。外で食事をするのが大好きなこの国の人たちは、時間を気にせずワインを片手にいつまでも語らっているから。温かなピンク色の壁が迎えてくれる店内も居心地がよく、大きな窓から照明に照らされた外を眺める席は特等席。犬連れ入店もOKの、いまのマルメを代表するようなレストランだ。

Mineral　Sankt Knuts väg 13　http://www.mineralmalmo.se/

Kv. Åkern　Nobelvägen 73b　http://kvarteretakern.com/

もう一軒のおすすめ『クヴァルテーレット・オーケルン』は地元食材のおいしさをひきだすシンプルな調理が人気で、2017年のスコーネのベストレストランに選ばれている。メニューはシェフのおすすめ4皿コース、450クローネのみ。肉か魚、ベジタリアン用コースが選べる。

この店が面白いのは前菜もメインも一度に出てくること。その日は菜の花のような苦味のあるビーチケールを使った前菜に魚料理はサーモンのディップ、肉料理は牛肉のロースト。魚も肉も前菜より皿が小さく、つけ合わせもない。前菜とかメインと呼びわけるのが似合わない。コースに含まれる新じゃがとサラダも一度にやってきたのでテーブルの上は居酒屋のように皿でいっぱいになった。

「シェアして食べてね！」と店の人が言うように、これならお互いの皿をつつきやすい。食後には数種類のチーズが出てきて、最後に旬のルバーブを使ったメレンゲ菓子が登場した。新じゃがもルバーブもスウェーデン人がこよなく愛する夏の味。スウェーデンらしい美食をカジュアルに楽しめる一軒なのだ。

近未来デザイン # トリアンゲルン駅

スプーナリーのミートボール最高

#no6 は落ち着く穴場カフェ

One day in Malmö

11:00	トリアンゲルン駅周辺を散策
12:30	スプーナリーでお昼ごはん
13:30	聖クヌート広場周辺でフィーカのはしご
15:00	テディの店でソーサーとオブジェを買う
16:20	レヴェでパンを買う
17:00	フォルケッツ・パークを散歩
20:00	ミネラルで夕食

宿泊したホテル

STF Malmö City Hostel & Hotel

シェアルームまたはバスルーム共有のホステルタイプと、専用バスルーム付ホテルタイプの部屋がある。広い共有キッチンや中庭も。街の中心地に近く、便利。

レトロな雰囲気の公園

エッグタルトいつも食べてる

夜も素敵なミネラル

蓋がないから安かった

特等席に座れた

近所にあればいいのに

住宅街のロッピス

Malmö

Loppis

ロッピスとはスウェーデン語で蚤の市のことを指す。夏の間、毎週開催される大きなロッピスから住宅街でひっそりと行われるロッピスまで様々な規模があり、旅の途中で「Loppis」と書かれた看板を見かけるとついのぞきたくなる。

マルメ滞在中に近隣で地元のロッピスがあると聞いて出かけてみた。ロッピスの張り紙には参加ストリート名が書いてあって、そのストリートに暮らす人々が中庭に出店するというシステムだ。こうした地域密着型のロッピスは、プロの出店も多い大きな蚤の市とはまた違った魅力がある。子ども服をはじめ衣類が多く、食器や生活雑貨もあるけれど日本の雑誌で紹介されるようなデザイン性の高いものにはなかなか巡りあえない。でもリアルな生活をのぞいているようで面白いし、大抵の物は安いし、何より住宅街の中庭なんて普段は入れないところに入れるのがたまらない。

お目当てのストリートへの道すがら、おそらくロッピスで手に入れたと思われる椅子を持っている人とすれ違う。角を曲がれば人だかりでもできているかな？と思いきや人がほとんどいない。不安になりつつ進むと建物の入口前に小さく『Loppis』のサインがあった。のぞくと中庭に人がいて賑わっている。表通りからはまったく見えないのだ。

「夢のフィーカタイム」や「クラシックなクリスマス料理」など特集が面白そうな料理雑誌を見つけて買う。その昔、銀行のノベルティとして配られたブタ型の貯金箱も発見。アリス・バブスやシウ・マルムクヴィストなど往年のスウェーデン女性歌手やホットジャズのレコードは5枚で300円ほどだった。時折、シナモンロールやチョコレートケーキなどお手製の菓子やパン、コーヒーを売っている人もいる。

ピンク色の生地に水彩絵の具で描いたような柄の半袖のワンピースが目を引いた。めずらしく、小柄な私にぴったりのサイズだ。売っていたのはマルメ在住の日本人女性で、よく見ると日本の雑貨

蚤の市情報は市の公式サイト等に掲載されている他、Skåne Plus というスコーネ地方の情報サイトでローカルな蚤の市を紹介している。

があれこれ置いてあり、鏡餅まであったのには笑ってしまった。ワンピースは30クローネ。めでたく私の物となり、部屋に戻ってすぐ着替えた。その日は夏のような陽射しだったのだ。

スウェーデンに来ると鮮やかな色のワンピースを着ている女性が多くて、見ているうちに自分も真似したくなってくる。ただし買って帰ったものの日本ではあまり着なかった……なんて服もある。30クローネなら部屋着にしてもいいし、旅先で気負わずに着られる。初夏の旅にはカバンに入れておいてもいいかもしれない。

スウェーデン式スローファッション

Malmö

Liebling

フィンランドの街を歩くとマリメッコを着て颯爽と歩く人々とよくすれ違う。デンマークに行くとモノトーンの服が俄然多くなる。スウェーデンといえば、鮮やかな色合いのブラウスや、昨今はレトロスタイルのワンピースを着た女性をよく見かける。そんなスウェーデンらしいファッションに挑戦したくなったら『リーブリング』へ行く。服やアクセサリーだけでなく食器やポストカードなども置いてあって、ここに来るとファッションやインテリアのトレンドがわかる。

リーブリングが商品を選ぶ基準は「スロー消費」。流行のデザインを次から次へと買い換えるのではなく「良いものを長く使う」ライフスタイルはファッションの世界でも浸透してきているようだ。ローカルデザイナーのブランドに出合えるのもこの店の魅力で、ヨーテボリやスコーネ在住デザイナーの製品から、デンマークやバルト諸国の物もある。いつか欲し

いデンマークのニットウェアやリトアニア産の上質なリネン製品を作るブランドのこともこの店で知った。

オリジナルブランドも展開し、Ａラインのコートは人気商品のひとつだ。作業着にも使われる耐久性の高い生地を使用していて、この生地は体に有害な物質が繊維に含まれていないことを保証するエコテックス認証を受けている。見た目は春夏物のようで防寒、防風性が高いコートを探していたので（北欧の旅に役立つから）、ポリエステルとコットン混の厚めの生地に裏地がついたそのコートは機能的にもぴったりだった。値段は当時のレートで2万7000円ほど。

ネイビーとモスグリーンのどちらにするか迷いに迷った上で、店員の女性にどちらがいいと思うか尋ねてみた。「両方着てみてくれる?」と促され袖を通すと「そうね、青の方がクールで大人っぽくも着られる。グリーンはもっと甘い感じで、可愛らしい印象になる」とハキハキと答えてくれた。そして「あなたにはネイビーがよく似合う」と断言した。こちらの店やカフェでは店員がはっきりと意

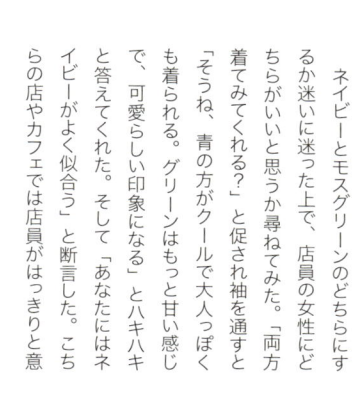

Liebling Davidshallstorg 8 https://lieblingliebling.com/

見を述べる場面によく出くわす。「今日だったらこの豆が絶対におすすめ」とか「こっちの型の方が断然、似合う」など。迷った時、旅の疲れで決められない時、率直なアドバイスってかなりありがたいのだ。そういえば「どちらもお似合いですけれど」と言われたことは記憶にない。

レジの後ろに貼られたポスターを見ると、アドバイスをくれた彼女がモデルとして写っていた。着こなし上手で彼女が身につけていると「こんな大ぶりなアクセサリーもいいな」といろいろ欲しくなってしまう。一年後に再訪した時にも彼女がいて「あのコート、着てる？」と声をかけてくれた。そんな会話も嬉しくて、マルメに来たらまたきっとのぞいてしまうのだろう。

チーズとジャズと友だちと

Malmö

Ost & Vänner

ベーカリーレヴェ（P. 18）の1軒あけて隣にはチーズの専門店『オスト&ヴェンネル』がある。どうやらこの2軒は仲が良いらしく、レヴェのピザはオスト&ヴェンネルのチーズを使っているという。ショーケースにはスウェーデン各地のチーズをはじめフランスやイタリアなどヨーロッパのチーズが豊富に揃い、オーガニックチーズも多い。「チーズとジャズ」と書かれた看板が掲げられていて、聞くと店主はジャズ好きで店内で時々、演奏会をやっているらしい。この店自体が副業で始めた店だと聞き、趣味の結晶のような場所なのだとわかった。ちなみに店名は「チーズ&友だち」の意味だ。

店内にはイートインスペースもある。数種類のチーズを使ったグラタンやピザ、マカロニチーズなどシンプルだけれどチーズ好きにはぐっとくるメニューで、ランチタイムに訪れてみた。クラフトビールやビオワインなど、ドリンクもひとつ

OST & Vänner　Östra Rönneholmsvägen 6

ひとつ吟味して選んだのだろうなあと思わせるセレクションだ。

注文してから料理が出てくるまで30分はかかっただろうか。スローペースなスウェーデンのレストランの流儀にはだいぶ慣れてきたつもりだけれど、この店はとくにマイペースだった。お客様を待たせないように……そんなことハナから考えていないようで、なんだか友だちの家にふらりと遊びに来て「いま何か作るから、適当に待っていてね」と言われているような感じだった。自家製コニャック入りマスタードやジャムなど店内に置いてある商品、ショーケースのチーズ、壁のポスターなどすみずみまで観察し終えた頃に、熱々のグラタンとピザがついに出てきた。チーズの説明は早口すぎてぜんぜん聞き取れず、聞き直そうかと思いつつも熱々のグラタンの魅力には敵わなかった。

こんな働き方もいいなあと思ってしまうのは私もスウェーデン式に慣れてきたからだろうか。できればいつの日かチーズとジャズの夜も参加してみたいと思っている。

ガーデンショーで食べる、遊ぶ

Malmö

Garden Show

北欧では4月の終わり頃から屋外イベントが増える。日が長くなるので、たとえ気温が低かろうと「春が来た！」「もう夏だ！」と人々はそわそわと外で過ごすようになり、蚤の市やフェスティバルが週末ごとに開催されるようになる。

マルメでは6月初めの週末に公園で大規模なガーデンショーが開催される。花や果物、ガーデニング用品などの展示販売ブースが並び、庭づくりの実例を見ることもできる。北欧のガーデニングは、英国のような花を中心とした美しい庭づくりというよりは野菜や果物など食べられる植物を育てることが多い。その昔、北欧がまだ貧しかった頃に自給自足できるようにと国が家庭菜園を奨励した名残なのか、もともと実用主義の性質なのか、文字どおり実をとるのだ。

そんなわけでガーデンショーの出店を見ても、花よりもハーブやキノコ類など食卓にそのまま直行しそうな物が目立

つ。隣町のルンド産アスパラガスには人だかりができていて、のぞいて見るとアスパラガスアイスも売っていた。これが大当たりの味。近隣のリンゴ園も出店して自家製ジャムを売っていたのでおみやげ用に購入する。郊外の人気ベーカリーや地元で人気のフードトラックなど食べてみたい味が並び、食いしん坊にはたまらない。コペンハーゲンでいつも食べるアイスクリーム屋ハンセンスも出店していた。

面白かったのが、自転車を漕いでフルーツジュースを作るプログラム。自転車にミキサーが設置されていて、ペダルを踏むとミキサーが動き出す。近くの農園から熟しすぎた果物を持ってきているので無料で挑戦できるという。係の女性がナイフで傷んだ部分を取り除きながらキウイと氷をミキサーに入れてくれた。ペダルを踏みはじめると、通りかかる人々が興味深そうに眺めていく。漕ぎすぎたかなと思ったけれど、カップに移して飲んでみるとまだキウイの塊が残っていた。

子どもの工作コーナーがあったり、園内を流れる川沿いでは釣りを楽しんだり

Malmö Garden Show　Slottsträdgården　http://www.malmotown.com/malmogardenshow/

ボートに乗ることもできて家族連れも多い。愛犬と散歩しながら楽しんでいる人も多く、いろんなワンコが行き来してドッグショー状態になっていた。公園の奥からジャンゴ・ラインハルト風のジャズが聞こえてきて、ふと見ると木の上にミュージシャンがいた。木の下には踊る人々。私がもともとスウェーデンに興味をもつきっかけとなったスウィングダンスを踊っていて思わず一緒に踊ったら演奏後に「どこから来たの！」とミュージシャンもダンサーも話しかけに来てくれた。ダンスは、シャイなスウェーデン人と仲良くなるのにいつも役立っている。

フィーカをしようと出店していたベーカリーに立ち寄ると、シナモンロールや伝統菓子と一緒にスコーネの銘菓スペッテカーカが置いてあった。帰ってから調べるとマルメ郊外の、いつか行ってみたいと思っていたベーカリーと判明。ガーデニングショーって面白いの？　などと最初は甘く見ていた自分を反省したい。食にダンスにスウェーデンの初夏を満喫できるこのイベント、すっかり気に入って翌年も参加してしまったのだった。

スーパーマーケットでご当地みやげ

Malmö

ICA Supermarket

マルメのスーパーマーケットで、スコーネ地方ならではの味を発見。スウェーデン&スコーネの味をおみやげにどうぞ。

Olof Viktors

『スコーネでいちばんのケーキ』『デニッシュ・オブ・ザ・イヤー』など数々の受賞歴を誇る有名店。サフランの香り豊かな焼き菓子は絶品で、紅茶やジャムはおみやげにもぴったり。

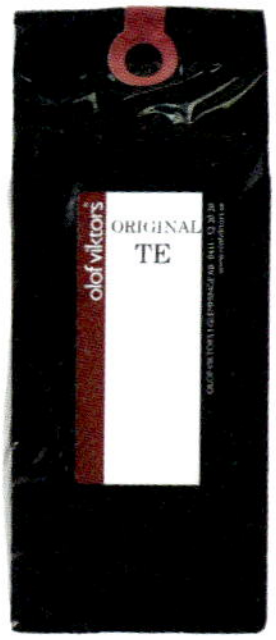

Renée Voltaire

スーパーで調達できるスウェーデンみやげの定番。オーガニック食品を幅広く揃えるブランドでパッケージが可愛い。これはベリーのゼリーをミックスした箱入りレーズン。

Van Ufford

スコーネ地方の南に位置するイスタード発、家族経営のチョコレートメーカー。これはフローズンラズベリーとブルーベリーを使ったチョコレート。

現地で、ぜひ試したい味

Skånemejerier

スコーネ地方を代表する乳製品メーカー。製品はすべて地元農家から届く牛乳で作っている。ヨーグルトやチーズもおいしい。

Klackabackens Bryggeri

マルメ北東の街、クリスチャンスタード郊外にある新進気鋭のブルワリーが作るオーガニックのアップルジュース。

ICA Supermarket Hansa

Stora Nygatan https://www.ica.se/

オーガニック食材やエコ商品も充実のスーパーマーケット。オリジナルブランド製品のデザインもグッド。ショッピングモールのハンザ内にあるイーカは品揃えが豊富。

朝ごはんはサワードウパン

ロッピス楽しい # 掘り出したい

チーズ屋はピザもおいしい

One day in Malmö

9:30	部屋でレヴェのパンを朝食に食べる
10:00	ロッピスを散策
13:00	オスト＆ヴェンネルで遅めの昼食
14:20	リーブリングでコートを買う
15:00	ガーデンショーへ
17:00	ビーチを散歩、海沿いのサウナを見学
18:00	スーパーマーケットでスコーネみやげを買う
20:00	クヴァルテーレット・オーケルンで夕食

汗をかいたら海にドボンのサウナ

欲しいもの多くて危険

スーパーで必ず買うキャビアペースト

次はもっとまじめにやる

おいしくて無言になる

犬も泳いでる # 水着を着てくればよかった

なんにもしない時間

Malmö

Vismarlövs Café

北欧の人たちは休みになると森の中や湖のそばへ出かける。そこで何をしているかというと、何もしないらしい。お腹が空いたら食べて、疲れたら昼寝をして、ちょっと体を動かしたくなったら泳いだり散歩をして……とスケジュール帳が真っ白みたいな時間を過ごすのが好きなのだ。以前、スウェーデンの暮らしについて現地の方にインタビューをした際に「幼稚園の頃から、子どもが森で過ごす時間を大切にしている」と聞き、森の生態を学ばせるとか自然の厳しさを体感するといった意図があるのかと思っていた。「いえいえそうでなく、何もしない。それが大切なんです」と返された時にはピンとこなかったけれど、何度もこの国に来たせいか「なんにもしない」感覚が少しわかるようになった。

マルメはスウェーデン第三の都市ながら、20分も車を走らせれば一面に菜の花畑が広がり、森が待っている。スウェー

デン人を真似て「なんにもしない」時間を過ごしてみようと、ガーデンショーで偶然みつけたベーカリーカフェに行ってみることにした。そのカフェは街中から車で30分弱のなんにもない場所にあった。

草原の中にぽつんと立つ『ヴィスマローヴ・カフェ』はマルメ近隣の人々にとても人気があって、土日はかなり混雑するらしい。店内にはスウェーデンの田舎暮らしの定番ともいえるグスタヴィアンスタイルの椅子や調度品が置いてあり、カウンターやショーケースには伝統菓子が並ぶ。昼過ぎに訪れるとちょうどスイーツビュッフェがはじまり、お皿いっぱいに焼き菓子やムースを盛りつけて屋外の席に出た。座ってひと息ついて見渡してみると、辺り一面もう本当に笑ってしまうくらいなんにもない。

店のカウンターにはリボンでラッピングされた大きなスペッテカーカが飾られていた。スコーネ名物のスペッテカーカは結婚式やお祝いの席でおなじみのメレンゲ菓子だ。食べたことのある日本人と話すと「たまごボーロのような食感」と

Vismarlövs Café & Bagarstuga　Eksholmsvägen 357, Klågerup　http://www.vismarlovscafe.se/

の意見で一致する。案外と硬くて、食べる時には専用のナイフで窓を開けるように小さくカットしていく。味は好き嫌いが分かれるところだけれど、なんといってもスコーネ名物なので、せっかくなら昔ながらの製法で作り続けているヴィスマローヴ・カフェで食べてみるといいかもしれない。小分けにしたおみやげ用も売っている。

メニューには同じくスウェーデン名物として知られるサンドイッチケーキもあったので、それも頼んでみた。サンドイッチをクリームチーズやサーモンなどで飾りつけてケーキのように仕立てた一品で、やはりお祝いやパーティで食べることが多い。なかなか旅行者には食べるチャンスがなく、私もカフェで見つけたのはこれが初めてだった。パンが程よくしっとりとして口当たりがよくサーモンや小エビなど具材もおいしくて、スイーツをたっぷり楽しんだ後だというのにぺろりと平らげてしまった。ランチをしてフィーカをして、後はぼんやり。いい時間だった。

Torups slottskafé 230 40 Torup
トールップ城の前までは街中からバスが走っている。

森で筋トレ!

Malmö

Skogsgym

カフェの後はもう少し「なんにもしない時間」を楽しもうと車を走らせ、森の中を散歩することにした。車を停めて森の入口に向かうと、オリエンテーリングの説明書きがあった。森の中に設置されたポイントを順番に通過して時間を競うオリエンテーリングはもともとスウェーデン軍が訓練の一環として始めたといわれる。森の中を進むと、なんと一度挑戦してみたかった青空ジムがあった。最初に見たのはストックホルムで、湖沿いの木陰に角材で作られたトレーニングマシーンが置いてあり、トレーニングウェアを着た人々が黙々と体を鍛えていた。

ジムの入口にはスコーグジムと書いてある。直訳すると森のジム。森の中で散策途中に体を鍛える人もいるのか！と衝撃を受けつつも挑戦してみた。もちろん無料で使うことができる。ショルダープレスやベンチプレスなど数種類がそれぞれ2台ずつ置いてある。負荷の少ない方を選んで動かそうとしたけれど動かない。ショルダープレスは腕の力だけではとても無理で、全体重をかけてやっと動いた。自分が小人になって巨人の世界に挑戦しているような気分だった。

ジムの先にはアスレチックフィールドもあった。ここでも自分の怠けた体と向き合うことになるのだけれど、それでも木々に囲まれて青空の下でのびのびと体を使って遊べるのは楽しい。なんにもしない、つもりが気づけば随分と内容の濃い体験をしてしまった。

森で体を動かした後は近くにあるトールップ城に寄り、城内のカフェでフィーカをすることにした。フィーカとはコーヒーを飲みながら、ひと息入れる時間のこと。この国では何はなくともまずフィーカ、とりあえずフィーカなのだ。カフェにはヴィスマローヴ・カフェのお菓子が置いてあって同カフェが運営していることが後に判明。森のジムとフィーカ、心からおすすめのプログラムである。

夜10時の夕焼けを見に行く

Malmö

Sunset

北欧の街では日曜日は店やレストランが閉まっていることが多いので出かけるのには向かない。そう考えていたマルメでの日曜日、地元で旅行会社を営むマーティンが思いがけず楽しいプログラムでもてなしてくれた。マルメ郊外に暮らすマーティンはタンザニア出身。日本の会社で数年働いた後、マルメの隣街ルンドに派遣されて暮らすうちに、この国に住みたくなったという。結局マルメに根を下ろし家族をもち、スコーネ地方を専門とする旅行代理店『サクラツアーズ』を立ち上げた。日本のスウェーデン大使館が主催するセミナーに毎年参加して、流暢な日本語でスコーネの魅力を伝えている。

自家製ビールも揃えるクラフトビールの店『マルメ・ブルーイング』（P.51）で落ち合って簡単に食事を済ませるとサンセットを見に行こう！と提案された。車で向かったのはマルメ名物の建築、ターニング・トルソー付近のビーチ。6月だ

Turning Torso 211 15 Malmö

というのに日中は30度近い気温を記録し（そんな暑さを迎えるのは１００年ぶりだったらしい）、ビーチには夜10時近くなってもまだ泳ぐ人がいた。ちょうど日が沈むタイミングでピンク色の影をつくりながら太陽はゆっくりと沈んでいった。スウェーデンは緯度が高いので太陽の沈む角度が日本よりも浅く、降下する速度がゆっくりと感じられる。つまり夕焼けの状態が長く続くのだ。日本だとあっという間にトポンと日が沈んでしまう感覚があるけれど、こちらでは「あ、日が沈む」と思ってからが結構長い。素敵な夕焼け写真も撮り放題だ。

夜10時のサンセットを堪能した後は、もう少しだけマルメ案内をするからと、デンマークへ続くエーレスンド海峡の橋を見に行くことになった。途中、新興の高級住宅街を走りながら「あれはサッカーのイブラヒモビッチが買って話題になった家だよ。結局、住む前に他の人に売っちゃったみたいだけど」など、解説つきでドライブしてくれた。もともとスウェーデンの面白い場所を見つけては友人に教えたり、代わって予約をしたりと

Sakura Tours　http://www.sakura-tours.com/

旅のアレンジを手伝っていたら口コミで噂が広まってリクエストが増えて、ついに旅行会社を始めることになったという経緯を聞いてなるほどと思った。彼はおすすめ上手なのだ。

橋に着く頃には夕焼け状態も終わりそうになっていた。「本当は橋のふもとでサンセットを見せたかったんだけどなあ！」とちょっと残念そうにマーティンは話していたけれど、北欧の夏は日が沈んでからの薄闇のような空もまた美しい。これも緯度が高いせいで日が沈んだ後に空が濃い青に染まるブルーアワーが訪れて、夏にはそれが数時間ほど続く。エーレスンド海峡にかかるデンマークへの橋もブルーアワーに彩られていた。

スコーネは街と自然のバランスがいいんだよね、とマーティンは言う。確かにそうなのだ。おいしいレストランやベーカリー、カフェやデザインショップが充実している一方で、海にも森にも近い。もしバランスよく、そして効率よく街や自然、夕焼けやドライブを楽しみたい時にはマーティンのような人に手を貸してもらうのも良いかもしれない。

お城でフィーカ

One day in Malmö

12:00	車でヴィスマローヴ・カフェへ。昼食とフィーカ
13:00	森を歩いて、ジムに挑戦
15:00	お城でフィーカ
16:30	部屋に戻って休憩
19:15	ココアアイズの写真を撮る
19:30	マルメ・ブルーイングで夕食
21:30	ターニング・トルソーの海沿いでサンセットを見る
22:20	ドライブしてエーレスンド橋を見る

ココアアイズ # デザイン好きのインスタスポット

ターニング・トルソーごっこ

キムチバーガー食べた

ヘレンハルメ美穂

スウェーデン語翻訳者。2006年よりマルメ在住。世界的にベストセラーとなった『ミレニアム』シリーズ（スティーグ・ラーソン著）をはじめ多くのスウェーデンミステリーや絵本の翻訳を手がける。

美穂さんと寄った雑貨店

Green Stories
Jörgen Ankersgatan 12
https://greenstoriesmalmo.wordpress.com/

リサイクル製品やフェアトレード商品のブランドを集めたセレクトショップ。キッチン雑貨からベビー用品、服飾雑貨まで揃う。

『ミレニアム』シリーズの翻訳者ヘレンハルメ美穂さんとマルメを歩く

その街を知るには地元の人と一緒に歩くのがいい。マルメを訪れる時には翻訳家のヘレンハルメ美穂さんと過ごす時間を楽しみにしている。翻訳家の性分か、わからないことがあればすぐに調べてしまう美穂さんは、もしかしたらスウェーデン人よりもスウェーデンのことやマルメについてよく知っているかもしれない。自国の文化には案外と無自覚だったりするもので、そういう意味でも美穂さんの視点は興味深いし勉強になる。

初夏に訪れた時「スウェーデンでは20度を超えれば夏日です。そんなに暑くならなくても前のめりで夏を楽しまないと、夏が来なかったってことになっちゃいますから」と教えてくれた。その年は6月というのに夏のような陽射しで、さぞやスウェーデンの人たちは浮かれているだろうと言うと、「いい天気が続いたら続いたで、これで夏が終わっちゃうんじゃないかって恐れてるんですよ。バカンスを取る予定の7月には寒くなっちゃったらどうしようって」。スウェーデン人のなんとしてでも夏を満喫しようという心意気にはつい笑ってしまうけれど自分も最近そうなってきた、とも話していた。

マルメの繁華街を歩いていたら「あそこの雑貨屋に入っているカフェは平日の昼間はラテパパであふれているんですよ」と教えてくれた。ラテパパとは専業で育児をしているお父さんたちのこと。カフェで集って子育ての情報交換をしていることからそう呼ばれる。日本でも子育てに熱心なパパは増えているけれど、専業パパや平日昼間にベビーカーを押している姿はまだまだめずらしい。ベビーカーを脇におしゃべりに興じるラテパパたちの姿を実際に見ると「これが子育てのしやすい国か」と軽く感動する。

美穂さんはベジタリアンなので一緒にカフェやレストランへ行くと、ベジタリアン向けメニューの充実ぶりに気づかされる。ビーガン対応のメニューが選べる店も少なくない。健康志向、環境配慮、移民が多いなどさまざまな理由が結びついた結果なのだろう。街中

を歩く時には美穂さんの愛犬モカも一緒に散歩をすることが多く、改めて思い返してみると犬と一緒に入れるカフェやレストランも案外と多い。

「こっちに来てから安い服には裏があると思うようになった」との言葉にはハッとさせられた。あまりにも安い物はどこにしわ寄せがきているのか考えてしまう、と。「可愛いなと思って入ったお店が普通にエシカルを掲げているのもスウェーデンのいいところ」とも話していた。素材選びから縫製に至るまで「倫理的」であることを掲げるエシカルファッションの考え方はマルメではだいぶ浸透しているようだ。

ある時、一緒に入った雑貨屋にビンテージ陶器の破片をリサイクルしたアクセサリーが置いてあった。「これ、もともと器だったのが、割れちゃったのをピアスにしているんですよ」と説明すると、「すごくいいアイデア！」とグスタフスベリ社の名作、ベルサの陶片を使ったピアスを購入していた。「良いと思うものづくりをしているデザイナーや店は応援したい」と美穂さんはいつも話していて決断も早かった。

フランスに留学中、パートナーのフレッドさんと出会って彼が生まれ育ったマルメに暮らし始めた美穂さん。この街に暮らして12年になるという。語学に強く、異文化への興味も耐性も強そうな美穂さんは、どこでも暮らしていけそうに見える。それでもやっぱりマルメがいいのだろうか。そんな質問をぶつけてみた。

「マルメってやっぱり便利なんですよね。コペンハーゲンまですぐだし、日本に帰国したり両親がこちらに来る時に便利だなって痛感します」。確かに直行便が飛んでいるコペンハーゲンからすぐのマルメは、日本からいちばん行きやすいスウェーデンだ。「おいしいカフェやベジタリアンのチョイスもあるし、街としての刺激が適度にある一方で車で30分も行けば自然の中に入れる。すごくラクなんですよね。この街でないとだめ、と思っているわけではないけれど離れる理由もないのかな」と答えた。最後にもう一度、間をおいてから「そうですね、居心地がいいって言えますね」と言った。話す前に少し考えてから言葉を選ぶ美穂さん。ガイド本やネットではわからないこの街の魅力を、いつも教えてもらっている。

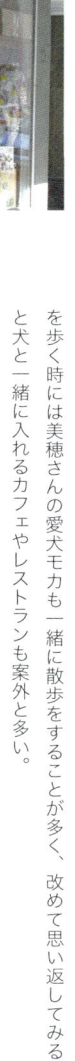

スウェーデンが誇る移民の味

Malmö

Kebab

「マルメに来たのにケバブを食べていないって？」とマーティンに言われた。ケバブはピザと並ぶスウェーデンの国民食。ちなみに、この二つを組み合わせてしまったケバブピザもスウェーデン名物だ。どこの街に行ってもケバブの店がある。日本でファストフードといえばハンバーガーだけれど、こちらではケバブの方がずっと親しまれている気がする。いや、日本人にとっての牛丼屋みたいなものか。安く済ませたい時、レストランで食べるのが面倒な時、惣菜とかサラダとか冷たいものじゃなく温かい料理が食べたい時など、旅人にとってもありがたい存在だ。ケバブというと肉々しいイメージがあるけれど、ファラフェルやハロウミチーズなどの肉を使わないそれでいてボリュームたっぷりのメニューもある。スウェーデンでは決して少数派ではないベジタリアンの人々にとっても、ケバブ屋は頼れる存在のようだ。

人口の三分の一は移民といわれ、スウェーデンでもとくに移民が多いマルメの街。ちなみにサッカー選手のイブラヒモビッチはマルメの出身だ。街中ではインド料理、タイ料理、韓国料理、日本食、アジアフュージョンと世界の食が選りどりみどりで、もちろんケバブ屋もたくさんある。ここ数年はキムチがやたらと流行しているらしく、キムチバーガーがあったり、おしゃれなベーカリーにもキムチサンドイッチがあって驚いた。

何度も北欧に来ているというのに、じつは長い間ケバブを食べたことがなかった。マルメ滞在最後の夜はせっかくだからケバブを食べることにした。街の南東部にはケバブ屋がひしめく地域がある。ケバブピザも食べられるし、ファラフェル専門店もある。選んだのはスウェーデンの国旗色で配色した看板が目立つ『ヤッラ ヤッラ』。店内の壁のタイルもスウェーデンの国旗模様になっていた。

夜の8時頃、店に入るとレジには結構な人数が並んでいた。注文のたびにファラフェル

Jalla Jalla　Bergsgatan 16

を揚げ、肉を削り、野菜を盛り付けていく。素早い手さばきながら、ひとつひとつ作るのでやはり時間がかかる。並んでから受け取るまでに20分は待っただろうか。「ヤッラヤッラっていうわりには待ったね」と友人。店名のヤッラとはスウェーデン語で早く早くという意味らしい。

ファラフェルロールは普通サイズが35クローネ。1クローネ12円とすると、４００円ちょっと。ケバブが50クローネ、ケバブ&ファラフェル入りは55クローネ。この値段でスウェーデンでお腹いっぱいに食べられるのは嬉しい。ピタパンで巻いたロールか、プレート入りが選べてプレートを頼むと大量のポテトフライがついてくる。野菜やフルーツだけのプレートやフムスなどのビーガンメニューもあって、ケバブやファラフェルよりも割高だった。

私が頼んだファラフェル&ケバブは相当のボリュームで食べ切れるか自信がなかったけれど、ファラフェルの味よし、ケバブの味よし、アクセントになるヨーグルトもおいしくて野菜もたっぷりで食べやすくて、結局ほとんどたいらげてしまった。スウェーデンに来るとついつい伝統食レストランや、話題のシェフによるモダン料理などを目指してしまっていたけれど、マルメに来る時はケバブをもうちょっと食べ比べてみたいと今更ながらに思うのだった。

最高
SAIKō

マルメのグルメ

Solde Kaffebar

Regementsgatan 2

http://www.solde.se/

マルメを代表するスペシャルティコーヒーの店。クロワッサンやシナモンロールもおいしい。街の中心部にあり、立ち寄りやすい。

SAIKO

Sankt Knuts väg 7

http://saiko.se/

モダン日本食のレストラン。お菓子のように並べられた寿司、味噌汁がガラスのおしゃれなジャーに入ってくるなど盛りつけも美しくてユニーク。

Beer Ditch

Nobelvägen 24

https://beerditch.com/

レトロなインテリアのビアバー。マイクロブルワリーのクラフトビールを豊富に揃え、地元スウェーデンやデンマークの味も楽しめる。

Malmö Brewing

Bergsgatan 33

http://malmobrewing.com/

樽生で 30 種類以上を揃え、自家醸造ビールもおいしいビアバー。ハンバーガーが人気で、食事メニューも充実している。

ルンド Lund

なんとなく、いつも寄りたい街

ルンドは大学の街である。ルンド大学は北欧で2番めに古い歴史をもち、街の人口約11万人に対して、学生数は4万人ほど。大学生の多い街は新しいカルチャーが生まれやすいというけれど、ルンドもそんな匂いがする。

小さな街ながら北欧を代表するスペシャルティコーヒーの店もあるし、その近くにはおいしいベーカリーやレストランがひっそりと並ぶ。世界でもめずらしい、スケッチ画とパブリックアートのための美術館もある。ルンド大学のサイトによるとこの街はスウェーデンで「もっとも住みやすい街」や「もっとも若く健康的な街」に選ばれたこともあるという。

隣のマルメから電車で10分ほどで、コペンハーゲンから足を延ばすのも気軽にできる。実際、私はコペンハーゲン滞在中になんとなくルンドへ来ることがある。とくに何をするというわけでもないけれど、近くに来たら寄っておきたい街なのだ。

もし北欧で暮らすとしたら、住んでみたい街でもある。落ち着いて生活しやすそうな雰囲気があって、街の刺激が欲しければマルメやコペンハーゲンにもすぐ行ける。スウェーデンとデンマークのいいとこ取りもできそうだ。書店や映画館や美術館、美しい図書館や公園など、あるといいなと思う要素が揃っている。古く美しい建築も残されていて、ふらりと歩いて楽しい小道もある。ただし石畳の道が多いので、スーツケースを持って歩くのはしんどそうだ。この街を訪れる時は大きな荷物は置いていきたい。なんなら地図も持たずに身軽に歩きまわりたい街なのだ。

1666年創設のルンド大学を中心に成熟した街には、個性的な店が点在する。

いつでもルンドに来る理由

Lund

Love Coffee

この街に来ると必ず立ち寄るコーヒーショップがある。『ラブコーヒー』と極めてシンプルな名前の店はスウェーデンのバリスタチャンピオンに3度輝き、世界大会で4位に入賞した経歴をもつダニエル・レムヘーデンが開いた店だ。ヒュー・ジャックマン似のダニエルは、以前は産地への買い付けや各国のコーヒーイベントへの参加と世界を忙しく飛び回っていたのが最近はルンドにいることが多いという。訪れた時には「先日そこの植物園でコーヒーの産地や豆についてレクチャーしてきたんだよ」と話していた。

小さな街だからか、学生の街だからか、ラブコーヒーの地元感はすごい。なぜそう思うのか改めて考えてみると、カウンターでバリスタや隣席の人とおしゃべりしている客が多い。パソコン持ち込みで、ずっといる人が多い。テラス席でのんびり日向ぼっこをしている人が多い。要するに長居をしている人が多い。かくいう

Love Coffee　Klostergatan 1L　http://lovecoffee.se/

私もカフェラテを飲んで、パンを食べて、せっかくだからブラックコーヒーをもう一杯と、いつもやたらと長居してしまう。以前も来たことがあるよ、とバリスタに話しかけたのがきっかけでカウンターに座っていた人たちとおしゃべりが始まったこともある。客同士で顔見知りが多く、子連れも多いし、犬と来ている人も見る。

ラブコーヒーのインテリアは訪れるたびに少しずつ変わっている。初めて訪れた時にカウンターのすぐ横に置いてあったケーブルドラムを再利用したテーブルは、いまでは中庭のテラス席に並べて置いてある。オープン当時はなかった中庭席は絶好のフィーカスポットとなり、天気の良い日は大人気だ。メニューの黒板に並ぶカラフルなアルファベットのマグネットは、最初に訪れた時から変わらない。この店がどこよりも居心地がいいのはそんなインテリアのおかげかもしれないし、隣り合った人が話しかけてくるような、そこに集う人のせいかもしれない。「地元っ子気分で」をリアルに体験するならこの店がいちばんだ。

自慢したいストリート

Lund
Klostergatan

ラブコーヒーのカウンターに並ぶパンは、同じ通りにあるベーカリー『セント・ヤコブ』から毎日焼き立てを仕入れていた。「ルンドは小さな街だけど、ここクロステール通りには世界トップレベルのコーヒーとパンとレストランがあるんだよ」とバリスタのダニエルが言うとおり、セント・ヤコブのカルダモンロールは私にとって北欧でいちばんの味だった。カルダモンをたっぷりと入れた菓子パンはコーヒーにぴったりの味で、初めて訪れたベーカリーではいつも注文する。カルダモンロールの味でベーカリーの真価が測れると私は信じている。

セント・ヤコブが移転したと聞いた時には悲鳴をあげそうになった。でも現在の店はセント・ヤコブ店主の弟が引き継いだと聞き、コーヒーを飲んだ後に立ち寄るとカルダモンロールがちょうど大量に焼き上がったところ

だった。新しい店名は『ブラザー・ヤコブ』。ダニエルが「以前より、おいしいくらいだよ」と太鼓判を押していたとおり、カルダモンロールもピザも、試食させてもらったチョコレートケーキも絶品だった。

クロステール通りにあるワインレストランはいつ見ても賑わっている。天気が良ければテラス席はいっぱいで、お客の年齢層は高め。「ちょっと高いけど質のよいランチが食べられるよ」とはダニエル。華やかなケーキや軽食を揃える『パティセリエ』も併設している。

ルンドはフードホールの評判もいい。魚屋が営むレストランでは旬の魚料理がリーズナブルに味わえる。その日のランチはスウェーデン語でセイと呼ばれるタラの一種で、フィヨルドソースと名付けられたシンプルなクリームソースをかけて出てきた。パンとサラダはセルフサービスで食べ放題。隣の人が食べていたフィッシュスープもおいしそうだったし、ダニエルは「サバがあったら絶対に食べて!」

と言っていた。酒の専売店も併設されていてスコーネ地方のクラフトビールが揃っている。
ホールを出ると目の前の広場で、そろそろ旬が終わるアスパラガスが並んでいた。そういえばマルメのガーデンショーにもルンド産アスパラガスが出店していた。地元では5月末にアスパラ・フェスティバルが開催され、クロステール通りのワインレストランをはじめ地元の名店がアスパラガス料理を出すという。年々人が増えているというこのフェスティバル、とても気になる。

Crêperiet i Lund

Klostergatan 14

http://www.creperiet.nu/

クロステール通り沿いのクレープ専門店。おやつ系だけでなく食事系ガレットのメニューも豊富。２階席がくつろげる。

Broder Jakobs Stenugnsbageri

Klostergatan 9

人気店『Sankt Jakobs stenugnsbageri』店主の弟ヨアキムが後を継いだベーカリー。カフェ併設で中庭もある。カルダモンロールは必食。

Saluhallen Lund

Mårtenstorget 1

https://lundssaluhall.se/

食事もできる便利なフードホール。スコーネのマスタード専門店があり、おみやげにおすすめ。酒専売店『Systembolaget』も併設。

Patisseriet

Klostergatan 3

http://www.patisseriet.com/

パリのカフェのような雰囲気で、フランス風のケーキやバゲット、クロワッサンがおいしい。隣にはフレンチビストロがある。

すぐ、そこにある楽園

Lund

Botaniska trädgården

街を歩いていると時折「これは森では？」と言いたくなるような、木々がみっしりと生い茂った公園がある。これだけ緑があれば、わざわざ森へ出かけなくても良いのでは、なんて思ってしまう（良いわけがないけれど）。

ルンド大学の植物園はまさに街中にいながら森を体験できるような場所で、訪れた6月は花盛り。シャクナゲやバラ、睡蓮などが咲き乱れ、青々と茂る木々の中に赤、白、ピンクと色とりどりの花々が揺れていた。こちらの植栽は自由というべきか、植物の勢いが良いのか、もう少し剪定した方がいいのでは？と思うくらいのワイルドさ。ふと見ると白いニワトコの花も咲いていた。北欧の人はニワトコが好きで、初夏にジュースにして楽しんだり、食器やテキスタイルなどのモチーフとしても人気がある。だから北欧のデザイン好きにもなじみのある花なのだ。

芝生の上には半裸で日光浴を楽しむ人があちこちにいて「ここはビーチか？」と思う。服をまともに着ている方がおかしい気がしてくる。大きな木の下のいくらか涼しそうな場所は日本だったら競争率が高そうだけれど、こちらではそれほど人気がなくて日が燦々と降り注ぐ場所の方が好まれる。昼寝をする人、読書をする人、友人と語らう人。ひたすらにのどかで平和な風景が広がる。

レンガ造りの古い建物が見えて、中をのぞくと調理をしている人がいた。建物の逆側にまわるとカフェの看板があり、カフェの角を曲がると「ここは地上の楽園か？」と思う景色が広がっていた。睡蓮が浮かぶ池は古い絵画のようで、池のまわりで老若男女がのんびりと過ごしていた。池のそばで鴨の親子が寝ていて、そーっと近づこうとする子どもがいた。私の隣には水玉模様のワンピースを着た初老の女性が座り、愛犬と一緒にフィーカを楽しんでいた。その様子があまりにも可愛らしくて、しばし見つめてしまった。のど

Botaniska trädgården　Östra Vallgatan 20　http://www.botan.lu.se/

かで美しくてなんだか絵画の中に入り込んだような気分だった。

　カフェのショーケースを見ると、公園内のカフェにしてはずいぶんと手のこんだケーキが並んでいた。聞くとクロステール通りにあるパティセリエ（P.59）から仕入れているという。よく見るとコーヒーはラブコーヒー（P.54）の豆を使っている。楽園のカフェには思いがけずおいしいコーヒータイムも待っていたのだった。

Sankt Annegatan

植物園からの帰り道、偶然に通りかかった聖アンネ通りは壁の色も家の前の植栽もカラフルで目に楽しく散策におすすめ。道沿いに進むと野外博物館のクルトゥーレンや大聖堂が見えてくる。

美しい図書館

Lund

Lunds Stadsbibliotek

図書館を見つけると、とりあえずのぞいてみる。北欧には良い建築、良いデザインの図書館が多い。ルンドの市立図書館は、まず建物に掲げられたBIBLIOTEK（図書館）のロゴが格好いい。館内に入ると真っ先に目に入るイベントスペースの客席は、すべてアルネ・ヤコブセンのセブンチェアだった。さらに進むと書架の脇にフィンランドのエーロ・アールニオがデザインしたバブルランプ（それも大きいタイプ！）が置かれ、テーブルの上にはデンマークのルイス・ポールセンやライトイヤーズの照明が下がっている。子ども向けスペースには遊び心あふれるアールニオのキッズ用犬型チェアや、小さなセブンチェアがいくつも置いてある。そして地元の子どもや学生が普通にそこに座って本を読んだり、パソコンに向かっている。「生活に密着した北欧デザイン」とは、まさにこれだ

Lunds Stadsbibliotek　Sankt Petri kyrkogata 6

など思う。

スウェーデンを代表する建築家、グンナル・アスプルンドの設計したストックホルムの市立図書館や、フィンランド各地にあるアルヴァ・アールトが手がけた有名な図書館など大御所建築家の作品ももちろんいいけれど、小さな街にもこんなに素敵な図書館がある。調べてみるとルンド市立図書館の設計をしたのはフレミング・ラッセンという建築家で、ヤコブセンと仲が良かったという。だからなのか館内にはヤコブセンの家具がとくに目立つ。

そうして自分でも座ってみる。セブンチェアもグランプリチェアもハッピーチェアも座りたい放題だ。大きな窓からは図書館に面した緑豊かな公園が目に入り、帰り際に公園も歩いてみようかなという気になってくる。美しい図書館は地元の人々だけでなく、旅人の時間も豊かにしてくれる。

ルンドの駅 # マルメからすぐ

ラブコーヒーは神 # クロワッサンもおいしい

One day in Lund

9:00	電車でルンドへ移動
9:30	ラブコーヒーで朝食
11:00	グルメストリートを歩く
11:30	書店で絵本を購入
12:15	市場を見学、昼食
13:30	植物園を散歩、フィーカ
16:00	ルンド市立図書館へ
17:20	酒専売店でスコーネのビールを買う
18:30	電車でマルメに戻る
19:30	夕食にケバブを食べる

ルンドの市場 # おいしいものいっぱい

教会併設の書店 # 絵本やレコードもあった

ルンドの図書館 # 北欧デザインだらけ

楽園でフィーカ

スコーネのクラフトビール # 重いけど買う

楽園でアー写

スウェーデンラブ # ケバブ屋

思えばスコーネカラーの消防車

ヘルシンボリ　Helsingborg

名物フェリーが行き来する港町

ヘルシンボリは港町だ。対岸にあるデンマークの街ヘルシンオアまでの距離は4キロほど。この2都市間にはフェリーが運航し、乗船して20分ほどで到着してしまう。

わずか20分といえど国境をまたぐため、船内には免税店がある。地元の人々はこれが目当てでフェリーに乗る。具体的に言うと、目当てとは酒である。北欧は酒税が高いため空港でも酒売り場がやたらとにぎわっていて、フェリーの場合は飛行機のような荷物制限がないぶん、箱買いならぬカート買いをする人もいる。船の中だけでなくデンマークへ買い出しに行く人もいる。デンマークは北欧で唯一、酒が国の専売制ではなくどこでも買えるからだ。スウェーデン人は（というか北欧人はみな）酒のために国境を越える人々、なのだ。

初めてのヘルシンボリにはこのフェリーで到着した。コペンハーゲンから電車でヘルシンオアまで移動して、駅のすぐ隣にあるフェリー乗り場から乗船する。噂には聞いていたけれど、乗るやいなや酒売り場に直行する人々の姿には笑ってしまった。フィンランドからスウェーデンへの長距離フェリーでもそうした光景は見るけれど、この船旅は20分限定。当然、売り場は狂乱状態になる。一方、船内のバーで窓から見える景色を楽しみながらビールとホットドッグを楽しむのも地元っ子の定番だという。下船時に観察しているとビールを積んだカートをひっぱる人があちこちにいた。

ヘルシンボリは、なんだか熱海みたいな場所だ。海が中心の街で、往年の観光地といった雰囲気があって、コペンハーゲン辺りから足を延ばして小旅行を楽しむ行き先。旅の途中でふらりと立ち寄ってみたら案外と良かった、そんな街なのだ。

港へと続くヘルシンボリの中心街。
海を背景にした古い街並みが絵になる。

港でアイスクリーム

Helsingborg

Helsingborgs Glassfabrik

ヘルシンボリの港は風が強いけれど、晴れていれば対岸のデンマークを眺めながらぼんやりと過ごすのに絶好の場所だ。青空を背景に北欧5カ国の国旗がたなびいている様はなんとも絵になる。

夏期だったら、港に停められた黄色いスクールバスを目指すといい。地元スコーネのミルクや素材を使ったハンドメイドのアイスクリームを販売していて、メニューにはマジパンやリコリスなど北欧ならではのフレーバーもある。そんなメニューが並んでいると試さずにはいられない。マジパン味のアイスは思いがけず(というと申し訳ないけれど)とてもおいしかった。北欧伝統のケーキや焼き菓子で使われている、もったりと重い甘さのマジパンとは違って、杏仁豆腐のような爽やかな後味で、これならまた食べてみたい。何よりも海に向かって腰掛けて青空の下で食べるアイスクリームの味は格別だ。

Helsingborgs Glassfabrik　Parapeten 1　http://www.glassfabriken.se/

Studio H55　Parapeten 2　http://www.studioh55.se/
Chocolatte　Drottninggatan 13　http://chocolatte.se/

港沿いには1955年に開催され、北欧デザインが世界を席巻するきっかけとなった伝説の万博、H55のパビリオンの一つが残されている。名作食器のスピーサリブや、テキスタイルのH55が発表されたデザイン博覧会で、Hはヘルシンボリのなのだ。今ではクリスマスやザリガニパーティなどイベント時のみ一般利用ができるレンタルスタジオとなっていて、H55のことは入口の脇にひっそりと説明書きがあるだけ。限りなく地味なスポットだけれど、デザインマニア的には密かに到達感を味わえる場所、といえるかもしれない。

港からの帰り道には、大通りのドロットニング通り沿いにあるチョコレート屋『ショコラッテ』に立ち寄った。この店のプラリネは国際コンクールの常連で、金賞を受賞したというリコリス入り塩キャラメルや、スウェーデン国旗が描かれたプラリネをおみやげに買った。絶品のチョコレートを贅沢に使ったアイスクリームも売っているので、アイスのハシゴもいいかもしれない。

50年代にタイムトリップ

Helsingborg

Ebbas Fik

家具からコーヒーカップひとつひとつまで、すべて50年代のデザインで統一されたレトロなダイナーカフェ『エッバス・フィク』。フィクとはカフェや喫茶店のこと。スウェーデン語のフィーカはコーヒーを意味するカッフィが転じた言葉で、それがさらに転じた言葉だ。

エルビス・プレスリーお気に入りのレシピというハンバーガーを注文すると50年代のアメリカ車のペーパークラフトに乗って出てきた。昔の掃除機のカタチをしたダムスーガレやブルーベリーパイなどの伝統菓子は、ウプサラエクビーやロールストランドなど、いまや国内外で高値がつくビンテージ食器で出てくる。

店主のエッバは18歳の時から50年代の音楽やデザインの虜になったという。エッバが「店の中でいちばん好き」という1959年製のジューク

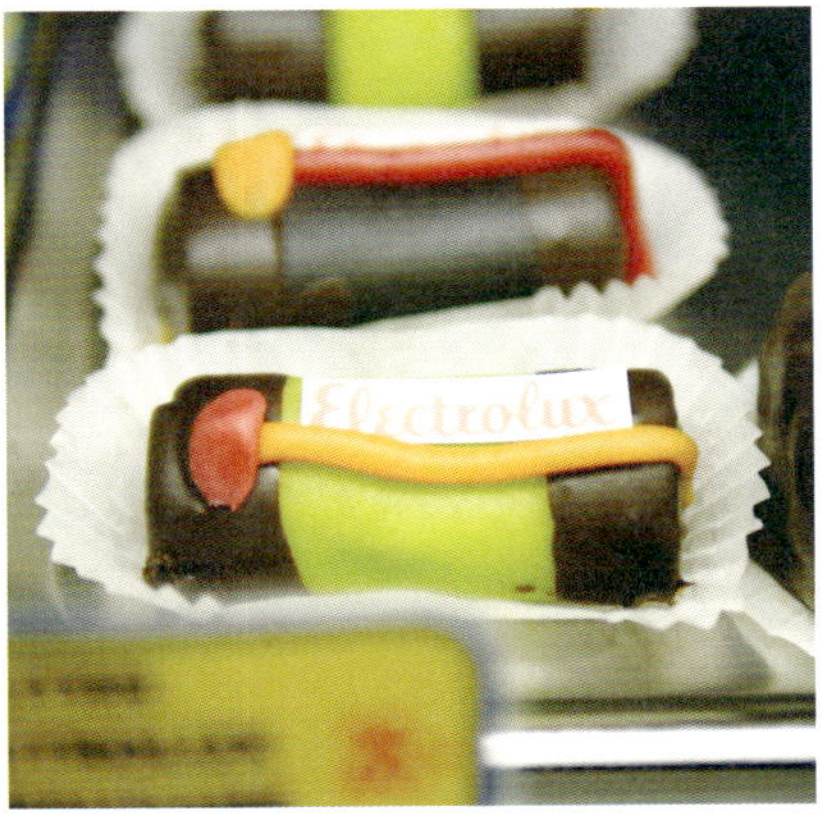

ボックスをはじめ、プラスティック素材のシェードのランプやカラフルな座面が目を引く椅子など50年代の申し子のようなデザインが店内にひしめいている。壁に貼ってあるポスターも子ども用のハイチェアもすべてビンテージで、カウンターにはその時代から親しまれる炭酸飲料やお菓子が並ぶ。どこをどう切り取っても完璧な50年代のスタイルを見るため、遠方から足を運ぶ客が多いというのもうなずける。家具や食器はどこで手に入れるの？　と尋ねると、ペパーミントグリーンのゴージャスなアメリカ車の写真を見せてくれた。1958年製のステーションワゴンで、「これに乗って蚤の市をまわって買ったものを詰め込むの」と笑った。トイレに行こうと2階に上がると奥の部屋に大量のレコードが置いてあった。「あれは売り物。店に置いてあるレコードと本は全部、売ってるの。お気に入りは家にとってあるから」とまた笑った。

　1997年に店をオープンして以来、エッバス・フィクはスウェーデン

Ebbas Fik　Bruksgatan 20　http://www.ebbasfik.se/

やデンマークの新聞、雑誌、トラベルガイドなど各種メディアでたびたび取り上げられ、カフェ・オブ・ザ・イヤーやベスト・ランチスポットに選ばれている。

エッバの作る料理とお菓子はどれも昔ながらのスタイルだ。アンチョビとゆで卵をクリームであえたスウェーデンの伝統料理グッボラを頼むと、じゃがいもの上にたっぷりと盛り付けられて出てきた。ホテルのビュッフェやストックホルムのレストランで食べたグッボラとは味もボリュームもぜんぜん違って驚いた。それまでとくにお気に入りのメニューではなかったけれど、エッバのグッボラはまた食べたい。エッバが作るキャロットケーキやパンケーキも食べてみたい。「中途半端なレシピはイヤ。まがい物はだめよ」とエッバは言う。インテリアもファッションもレシピも、エッバは本物が好きなのだ。

ヘルシンボリ、いまむかし

「今日はデンマークの祝日だから対岸からのお客が多いのよ」とエッバ。昼の1時を過ぎていたけれどレジには人が並び、ひっきりなしに客が入ってくる。ヘルシンボリでいちばん賑やかな通りにあるカフェを20年以上も人気店として守ってきたエッバ。店を始めた頃と今とでは街の雰囲気は違うのかしら？ と尋ねてみた。「いい質問！」と相槌をいれてエッバはこう続けた。「いまヘルシンボリは食の街とやらを目指しているらしいの。グルメ流行にあやかりたいのか、それで観光客が増えると思ってる。昔はこの通りには靴屋とか雑貨屋とかいろんな店があったのに、いまでは一帯がレストランだらけになってしまった。洋服と雑貨とカフェだったらハシゴできるけれど、食べ物屋ばかり増やしたって観光客も楽しめないのにね。馬鹿な政治家が考えそうなこと！」

この店を始める前はジャーナリストとして働いていたエッバ。どうりで物の見方も口調も鋭いわけだ。スウェーデン名物サンドイッチケーキのレシピを紹介する著書もある。サンドイッチケーキとはその名の通りケーキのように飾りつけたサンドイッチのこと。サーモンをくるくると巻いて花のように飾ったり、クリームにビーツの汁をくわえてピンク色にするのが定番のデコレーションだけれど、エッバの本にはモダンでユニークな飾り方が紹介されている。本で使われている食器や雑貨はもちろん50年代のデザインだ。

ヘルシンボリでお気に入りの場所を尋ねると「英語だとなんて言うのかな」とスマートフォンで調べていて、のぞきこんで見ると北欧の国々で親しまれている市民農園のことだった。「毎日忙しく働いているから、ここでゆっくり過ごすのが好き」。そういえばさっきから客足は途絶えないのに店内は妙にガランとしている。見ると、ほとんどの人が中庭席に座っているのだった。こちらの人は天気さえ良ければ寒くても太陽の下で食事をしたがる。50年代の完璧なインテリアも、おひさまには敵わないのかもしれない。

街でいちばんのコーヒー

Helsingborg

Koppi

ヘルシンボリの街は1675年に始まったデンマークとのスコーネ戦争の際に主な建物が焼き尽くされてしまったという。戦火を免れた希少な建物、ヤコブ・ハンセンの家は街の見どころのひとつで、目の前には素敵なカフェがあった。名前は『コッピ』。インドネシア語でコーヒーを意味する。

北欧のバリスタやコーヒー関係者から繰り返しその名前を聞いていたコッピ。コッピがあるヘルシンボリにいつか立ち寄りたいと思いつつ、他に立ち寄る理由が見つけられずに数年が経っていた。結局、コッピのためにヘルシンボリへ行くことにした。

カフェに着くとコッピの創業者でありバリスタのアンがカフェトニックを淹れてくれた。エスプレッソとトニックウォーターをあわせてライムをしぼった爽やかな飲み口は、いわゆるアイスコーヒーとはまったく別の味わい

で2007年のオープン以来、コッピでいちばんの人気メニューというのも納得の味だった。乾燥させたコーヒーチェリーを使ったドリンクも絶品で、そのおいしさに感動しつつ「これを飲むにはまたヘルシンボリまで来ないといけないんだな……」と複雑な気持ちになってしまったのも確かだ。

もうひとりの創業者、チャールズは焙煎を担当している。チャールズは2005年、アンはその翌年にスウェーデンのバリスタチャンピオンに輝き、アンは世界大会で4位の成績を残した。大会をきっかけに二人はオスロのコーヒーショップ、ヤヴァから声をかけられコーヒーの世界にさらに魅了されていく。当時のヤヴァには創業者であり初代バリスタ世界チャンピオンのロバート・トーレセンをはじめ、後に北欧コーヒー業界をリードするバリスタや焙煎家が集っていたという。

ヘルシンボリに戻ったアンとチャールズはコッピを立ち上げ、コーヒー豆が本来持っているフルーティでフレッシュな味を活かす焙煎で世界のコー

Koppi Cindersgatan 8 https://www.koppi.se/ オープン日以外に焙煎所を訪問する際は事前に連絡が必要。

ヒー好きを唸らせる存在となっていく。それでも伝統的に深い焙煎のコーヒーが好まれるこの国で自分たちが本当においしいと信じる味を広めるには「時間がかかるよね」とチャールズは言う。生粋の焙煎職人のように見えるけれど「コーヒーは誰もが楽しめるものでないとね。大切なのは味だけじゃないよ」と話していたのが印象的だ。

「みんなで写真を撮ろう」と言いながらもチャールズが焙煎機の前からいつまでも離れず「一旦、手を止めて!」とアンに何度も怒られていたのには笑ってしまった。十代からお互いを知っているというアンとチャールズ、そして二人を取り巻くスタッフたちとのチームワークもコッピの大きな魅力だ。

コッピのカフェは残念ながら2017年に閉店してしまった。いまは工場地帯にある焙煎所が活動の拠点だ。時折、焙煎所でもコーヒーが飲めるという。コーヒーに合うパンケーキも食べられるらしい。やっぱりヘルシンボリにはまた来てしまいそうだ。

夢を生きるクラフトビール

Helsingborg

Brewski

コッピの焙煎所の隣にはクラフトビールの醸造所がある。アメリカやヨーロッパのクラフトビール好きの間で話題のブルワリー『ブリュウスキ』だ。醸造所の前に気の良さそうな男性が立っていたので「後で訪ねてもいい?」と聞くと「僕はひと晩中ここにいるから、いつでも戻っておいで!」と返ってきた。彼こそがブリュウスキのオーナーであり醸造マスターのマーカス・ヒャルマーション、その人だった。

突然の訪問にも拘わらずマーカスは広い醸造所を案内しながら試飲をさせてくれた。もともと世界的な大企業で働いていたけれど心を失うような暮らしに嫌気がさしてビールをつくることにしたんだと、できたてのビールをグラスに注ぎながら話してくれた。「ここは僕の遊び場なんだ。もちろん品質管理と衛生面には十分に気を使ってい

るよ。でもここは夢を実現する場所。大事なのは幾ら稼げるか？　じゃなくて何がやりたいか？　僕の頭の中はいつもビールのことでいっぱいだよ」。タンクの上にはマーカスが感銘を受けたと話すデンマークのアマー醸造所のポスターが飾られていた。

「ホップと酵母、それからフルーツが味の鍵。麦芽の使い方はシンプルにしているからね」とマーカスは言う。パッションフルーツを使ったIPA、マンゴフィーバーはフルーティかつリッチな味わいでブリュウスキを代表する味となる。「僕のビールづくりに哲学なんてないよ」とマーカスは言う。「そうしたいっていう意志があるだけ。僕はいま、夢を生きてるんだ」。

北欧のクラフトビールは一般的に個性の強さよりもバランスの良さを重視する味が多いと言われる。それでもやはり世界のビールファンから名指しで評価されるのは個性的なブルワリーだ。ではその個性はどこからくるのか？　情熱や行動力やセンスに加えて、ブリュウスキの場合はおそらくビ

Brewski　http://brewski.se/

ジネスの厳しい世界を見た人ならではの達観した姿勢が他のブルワリーにはなかなかできない挑戦をさせる、それが強みなのかもしれない。そしてわずか4年ほどでビールファンに熱く語られる存在になったのは、豪胆で懐の深い、そしてどこかロマンティックなマーカスの人柄があってこそ。実際に彼に会ってみてそんなことを思った。ちなみにブリュウスキのトレードマークであるシルクハットをかぶったキャラクターはマーカスの愛息が11歳の時に描いたもの。絵が大好きでマンゴフィーバーなどラベルの絵も描いてもらっているという。息子の話をする時のマーカスの嬉しそうで誇らしげな顔も忘れられない。

醸造所のあるこの地区を盛り上げていきたいとマーカスは言う。毎年8月にはブリュウスキバルと名付けたビアフェスティバルを開催し、2016年には3000人、翌年の2017年には倍の6000人が訪れたという。ブリュウスキはいま北欧でもっとも吸引力のあるブルワリーの一つなのだ。

北欧と日本とビールとラーメン

Helsingborg

Barski

コッピのカフェがあった場所をブリュウスキが受け継いで『バースキ』をオープンすると聞いた時には胸が躍った。ヘルシンボリから世界に名を轟かせるコーヒーとビールの友情が最高の形になって帰ってきたと思った。かつてアンがコーヒーを淹れていたカウンターには今はブリュウスキの生ビールサーバーが並んでいる。そしてここではコッピのコーヒーも飲める。もともとコッピで働いていた日本人バリスタのリエさんがバースキに移り、コーヒーを担当しているのだ。

　バースキの看板商品はクラフトビールとラーメンだ。シェフとして腕を振るうのはミシュラン星付きレストランで働いていたデンマーク出身のマイク。ラーメンの他にも和食を大胆にアレンジしたクレイジーな一品が味わえる。例えば盆栽に挿したレモンのフライ。なめこパウダーのかかった海藻の

Barski Norra Storgatan 18

前菜。なめこはそのままだとぬるぬるして苦手という人が多いからローストしてパウダー状にしたという。バーナーで焼き目をつけた温泉卵にエスプーマした生卵、さらに熟成卵黄のシュレッドと三種の卵を使ったおそらく世界でもっとも手のかかっている卵かけごはんは、日本人にはまず思いつかないアイデアだ。メインディッシュに登場したラーメンには、ビーツの汁で48時間マリネしたマイク特製ピンク色の半熟卵が入っていた。豚バラ肉は皮付きで、デンマークで食べたクリスマスの豚肉料理を思い出す。マイクが影響を受けたのは日本でラーメン店を成功させたアメリカ人のアイバン・オーキンだという。アメリカ暮らしが長くおしゃべり好きのマイクによる怒涛の料理説明はスタンダップコメディのような迫力だった。

ビールとコーヒー、そして日本がつながる場所。北欧の街であれこれ食べ歩いてきたけれど、こんなにユニークでクレイジーな場所は他になかなか思い浮かばない。

エルビスのハンバーガー

図書館で休憩 # やっぱりデザイン素敵

コッピ最高 # コーヒー豆もゲット

One day in Helsingborg

10:00	マルメ出発。中央駅からエーレスンド列車に乗る
10:50	ヘルシンボリ中央駅に到着
11:30	エッバス・フィクで昼食
12:30	ヘルシンボリ市立図書館を見学
14:15	バスでコッピの焙煎所へ
15:30	ブリュウスキをのぞく
16:45	バスで街中へ戻る。港でアイスクリームを食べ、Studio55 の写真を撮る
18:00	ショコラッテでチョコレートを買う
18:30	シェールナン古城のある高台から海を眺める
19:00	古い家が残る地域を散策
20:00	バースキで夕食

宿泊したホテル

V Hotel

一室ごとに内装が違うデザインコンシャスなブティックホテル。ラウンジの居心地がよく、朝食もおいしい。バースキ（P.82）の目の前なので安心して飲める。

高台からの景色は最高

とりあえずアイス # リコリス味もある

可愛い街並み

宝石みたいなプラリネ

マイク面白すぎ # ノンストップトーク

港からの帰り道 # クジラ発見

ナショナルデーを一緒に祝う

Helsingborg

Fredriksdal

6月6日はスウェーデンの建国記念日だ。ただし隣国ノルウェーやフィンランドのように国をあげて大きなお祝いをするわけでもなく数年前までは祝日でもなかったという。スウェーデンの人にとってはそれほどの思い入れはないらしい。

そうはいっても街中の店は閉まってしまう。スコーネ地方の歴史的な建物や動植物に触れられるフレドリクスダール野外博物館でナショナル・デーのお祝いをしていると聞いて行ってみることにした。そう、クリスマスや夏至など街中に人がいなくなる祝日こそ、この手の野外博物館は盛り上がる。伝統的な歌やダンスなど普段なかなか見ることのない文化を体験することができる。

ヘルシンボリ中央駅からバスに15分ほど乗り、最寄りのバス停から歩いていくと、青地に黄色の十字が描かれ

たスウェーデン国旗を持つ人とすれ違う。スウェーデン人の国旗愛は深い。みな嬉々として国旗を持ち、国旗色の服を身にまとった人もいる。

入口では民族衣装を着た女性が来園者に国旗を配っていた。もちろん私も一ついただく。通路は国旗を手にした人であふれ、仮設ステージや建物など至るところに国旗がはためいていた。頭に花冠をのせた子どももいて、6月末の夏至祭の早取りみたいだった。

仮設ステージではスウェーデンの歌姫モニカ・ゼタールンドのジャズナンバーが歌われていた。客席にはヴィクトリアンスタイルの服に身を包んだ男女が立っている。彼らも演者で、ジャズ演奏の後に16世紀から踊られているというスウェーデンのフォークダンスを披露した。ダンスが終わるとステージ後ろにある建物のバルコニーに人が現れて「100周年おめでとう！」と掛け声をかけた。フレドリクスダールはちょうど開園100周年で、それもあってとくに盛大に祝っているのだった。

Fredriksdals museet & trädgårdar　Gisela Trapps väg 1　https://fredriksdal.se/

フレドリクスダールでは昔の住居や農家の様子を展示していて、スコーネ独特の植物や生き物に触れることができる。囲いの中にはむくむくとした羊や鶏がいて子どもが手をのばしていた。道のむこうでは伝統衣装を着た子どもたちが合唱をしていて、スウェーデンの民族楽器、ニッケルハルパを奏でるグループもいた。大きな屋外ステージでも子どもたちの合唱があり、本国はもちろん日本でも大ヒットしたスウェーデン映画『幸せなひとりぼっち』の主題歌を歌っていた。

園内のあちこちでパンやチーズ、ソーセージ、夏至の飾り、木製小物の店が出店していた。シナモンロールや夏至のお祝いで食べる苺の菓子にも小さなスウェーデン国旗が飾られている。手編み小物を並べた店では小柄な女性がその場で編みながらポットマットやショールを販売していて思わず青と黄色のマットを買ってしまった。そうして園を出る頃には私の手にも青と黄色の雑貨が増えていた。

ホテルVの朝食おいしい

Helsingborg to Göteborg

9:00	ホテルで朝食
10:30	フレドリクスダール 野外博物館へ
15:30	ヘルシンボリ中央駅へ 電車でヨーテボリへ移動
18:45	電車がだいぶ遅れて ヨーテボリ中央駅へ到着
19:30	ザ・バーンで夕食

電車で爆睡 # 電車空いてる

民族衣装着てみたい

人気のハンバーガー屋 #thebarn

ヨーテボリ中央駅 # やっと到着

電車の旅は、失敗もある

スウェーデン西海岸を旅する際には電車を利用する。もう数え切れないほど利用しているというのに、たびたび失敗を繰り返している。たとえば快速に乗るべきところを各駅停車に乗ってしまって予定より大幅に遅れるとか。事前にネットで調べて乗るべき電車はわかっていたのについ、乗車口に立っていた駅員さんに「この電車でいいですか？」と尋ねたら別の電車を指さされ、乗ってみたら間違いで「やっぱりさっきので良かったのに！」なんていうこともあった。ホームが前後でA番線・B番線と分かれていて、既に乗るべき電車が着いていたのにホームの端にいて気づかず乗り遅れそうになったり、ヘルシンボリとヘルシンオアを見間違えて逆方向に乗りそうになる、そんな超初心者ミスをつい最近もやらかしそうになった。何度も利用しているのに、いつもこれでいいのかと不安になる。

西海岸を走る電車には『デュオ』とよばれる2名用の割安な乗車券がある。券売機でそれを買おうとして間違えて2枚のデュオチ

ケットを買ってしまい、合計4名分を払ってしまったこともあった。気づかずに乗っていたら、検札にきた女性が指摘してくれた。「窓口に行けば帰りの分に振り替えてもらえるように、このチケットに書いておいたから」と対処してくれたので助かった。きちんと購入明細を確認すれば気づくのに、というかそもそも少しでも安くしようとして買っているのに、まったく気づいていないのがアホである。

何が困るって、じつは地元の人もこのシステムをわかっていなさそうなことだ。駅員にこの乗車券で合ってるか？と尋ねて「よくわからない」と返されたこともある。地元の友人と一緒に乗っていて彼女がまとめて購入した切符が間違いだったこともある。うん、なかなかに難しい。

駅には改札がなく、車内で検札員がまわってきて不正乗車が見つかると多額の罰金を課せられる。無賃乗車をする気などさらさらないし、正しく乗車券を購入しているはずなのだけれど何か間違いがあったらどうしようと、検札がまわってくるたび毎回ドキドキしてしまう。

ヨーテボリ　Göteborg

ヨーテボリはスウェーデンの大阪か？

ヨーテボリはスウェーデンの大阪と称されることがある。ストックホルムに次ぐスウェーデン第二の都市だし、ヨーテボリっ子がストックホルムにどことなく対抗心を持っているところもなんとなく似ている。

バックパッカー向けにホステルを紹介するサイトの投票で、ヨーテボリは「世界でいちばん社交的な街」に選ばれていた。ロンドンよりも、パリよりも、ニューヨークよりも、ヨーテボリが社交的？　スウェーデン人はシャイだし愛想がないのでどちらかといえば冷たく見える。ストックホルムを歩いていても別段フレンドリーと感じることはなかった。でも同じスウェーデンでも違うのかもしれない。東京と大阪が違うように。

ヨーテボリに初めて到着した日の夜、絶品と評判のハンバーガー屋へ行った。スタッフが席に案内してくれるまで待った方がいいのか、それともカウンターで自分で注文するのか店の入口でわかりかねていると、手前に座っていた男性客が駆け寄って「オーダーの仕方、わかる？」と声をかけてくれた。一枚の紙に広告チラシのように書かれたメニューを手に取り「この中から選ぶんだけど、バーガーにはポテトがついてくる。テーブル席がよければスタッフに声をかけるといいよ……ちなみに僕のおすすめはこれ」とベジタブルバーガーを指差し「食事、楽しんでね！」と言い残してあっという間に自分の席に戻っていった。

翌日トラムに乗ると車内のあちこちでにぎやかなおしゃべり声が聞こえてきた。てっきり観光客のグループか学生の集団に鉢合わせたかと思ったら、しゃべっていた人の片割れが席を立って降りていく。たまたま知り合いに出くわしたのか、それとも隣り合わせた人と話していたのか？　ストックホルムではなかなか見かけない光景だったので驚いた。

お目当てのビアバーを目指している途中、念のため地図を見返そうと取り出したら「迷ってますか？」と声をかけられた。店の場所はおおよその見当がついていたけれど、せっかくなので「ここに行きたいんです」と地図の場所を指差すと「僕の行く方向だから一緒に行きましょう」と案内してくれた。歩きながら彼は「日本で勉強していたことがあって」と日本語を話しだした。腕には漢字で「日々是精進」とタトゥーが入っていた。

カフェでおしゃべりに夢中になり、デニムのポケットからスマートフォンが落ちたことに気づかずにいたら「キミ、落としてるよ」と教えにきてくれた人（同行者によると、どうやら奥の席からわざわざそれを伝えるためだけに来てくれたらしい）。グラス片手に混雑したバーで席を見つけられずにいたら「ここに座って」と声をかけ、「私は知り合いのいる席に移動するから」と席を譲ってくれた人。ヨーテボリって人情の街なんだろうか。

旅行者としてたまたまラッキーだっただけかもしれない。たまたま日本好きの人にあたっただけかもしれない。それでもこんな風にフレンドリーな空気で包まれたら、ヨーテボリの人って親切で社交的と思ってしまう。そうして私はこの街がすっかり好きになってしまったのだ。

教会建築に影響を受けたデザインで『魚教会』
の愛称で親しまれるヨーテボリの魚市場。

常連になりたいコーヒーショップ

Göteborg

Da Matteo

北欧の旅を心地よくするための小さなアイデアがある。それはコーヒーショップを訪れること。朝、宿泊先を出てすぐ立ち寄れる店や、街歩きで疲れた時にひと休みできる店を知っておくと旅がぐっと快適になる。とりわけ朝一番に立ち寄れるコーヒーショップがあるのはいいことだ。今日は何をしよう、今日は一日うまくいくだろうか、旅先ならではの不安を抱えつつ朝の時間を落ち着いて過ごせる場所。旅の間だけでも常連になりたい店。旅先でも、ほっとする場所を見つけるのだ。

ヨーテボリに行ってみたいと思った最初の理由はコーヒーショップだった。『ダ・マッテオ』とよばれるその店の歴史が始まったのは1993年のこと。これまでに取材してきた北欧のリーダー的存在の店よりもさらにひと足早くスタートを切っている。創始者のマッツ・ヨハンソンは「カフェには地元を活性化させる役割

da Matteo　Södra Larmgatan 14（1号店）　https://damatteo.se/

がある」と考え、息を吹き込みたい場所としてヴィクトリアパサージュを選んだ。当時はドラッグの売人がうろつくような場所だったというけれど、いまや周囲はヨーテボリでもとくに洗練された店やレストランがひしめくエリアとなっている。

ダ・マッテオは街ではじめてエスプレッソやカフェラテを提供し、コーヒー豆の自家焙煎を始めた。コーヒーと一緒に楽しむ菓子パンやサンドイッチも自家製で、カウンターにはその日の焼き立てが並ぶ。ヨーテボリの街にはいま5軒展開し、これほどまでに街の顔として存在感のあるコーヒーショップは他の街で見たことがない。

と、ついつい語ってしまったけれど、ダ・マッテオはコーヒーマニアだったらいつか必ず訪れたいと思う店であると同時にコーヒーにまつわる面倒くさい薀蓄などいらないという人々にも居心地の良い店だ。この店で朝のコーヒーとパンを食べて一日を始める。旅人だけれど常連のような顔をして毎朝訪れたい、そんな店なのだ。

どこまでも続く蚤の市

Göteborg

Megaloppis

北欧では蚤の市が暮らしと結びついている。その背景には、例えば消費税がとてつもなく高いとか、もともと資源が少ない貧しい国だったから物を大切に使う精神が根付いているとか、時代を超えて使えるデザインが多いとか、さまざまな要因があるのだけれど、北欧の人にとって新しい暮らしを始める時、インテリアを替えたい時、暮らしに必要な物を探している時に真っ先に、もしくはとりあえず向かう場所が蚤の市なのだ。

ただしフランスやイギリスなどアンティーク大国の例に漏れず、昨今は北欧の蚤の市にもだいぶ商売っ気が浸透してきている。全体的に価格が上がり、ずいぶんと値をふっかけてきたなあと思う売り主も増えた。以前は値切ろうとすると「私はもともと良心的な価格にしているのよ」と断られることが多かったし、実際のところ正直な値段で

取引されていたように思う。そんな牧歌的な蚤の市は都市部では少なくなっているかもしれない。

ヨーテボリで年に一度開催される蚤の市が大規模で面白いと聞いた。情報を探したものの開催場所がよくわからない。専用サイトやフェイスブックページで見ても会場が公園なのか広場なのかわからず不思議に思っていたら、なんと街をあげての蚤の市なのだった。マヨルナ地域を中心に幾つかのエリアにまたがっての開催で、そこに暮らす人々が出店する仕組みらしい。

さて当日、マヨルナでトラムを降りて目の前に広がる景色に唖然とした。大通りも小道も、広場も公園も出店者だらけ。シートやテーブルに生活道具や食器や服、そして数々のガラクタが並んで、それがどこまでもどこまでも続いている。メガロッピス（巨大蚤の市）の名に負けない規模だ。

ガラクタの中にポンと名作ビンテージの器が置かれていることもある。ハンドメイドの帽子や雑貨を売っている

おばあちゃんもいるし、自分で使っていたであろうおもちゃや絵本を売っている子どももいる。道に作られた小さな仮設ステージで子どもたちが踊ったり、手づくり菓子を売っている小さな姉妹もいた。なんだか縁日のような雰囲気だ。

その日は天気が不安定で通り雨にたびたび見舞われた。雨が降ってくると売り物はそのまま放って主は雨宿りをしにいく。雑誌も本も絵画も雨ざらしで誰も大して気にしていない。雨が止むと近くの木や生け垣の上に濡れてしまった衣類を干している人もいた。

途中でカフェを見つけて、昼食をとることにした。キノコや野菜たっぷりのバゲットのサンドイッチがおいしくて、カウンターを見ると次々に焼き上がるカルダモンロールやシナモンロールが飛ぶように売れていた。後で地元の知人に聞いたら、パティスリーの大会で入賞しているシェフがいるのだという。壁紙や照明などレトロシックなインテリアも素敵だった。蚤の市に来なければ気づかない場所だった。

📍 Megaloppis　http://www.megaloppismajorna.se/

どこまで来たのかわからなくなるほど歩いた頃に以前から欲しかったフィンランド製の琺瑯の赤いヤカンをみつけた。250クローネのところをねばって200クローネにしてもらってなんとか手に入れた。

住宅街を抜けてレストランやカフェが並ぶ区域にやってきて、それがマヨルナの注目スポット、マリア広場だと気づいた。その周辺はひと際にぎわっていて、ギター片手に歌っている人もいる。お父さんと店番をしていた子どもから絵本を数冊と、机の下に雨ざらしになっていた長くつ下のピッピの相棒、猿のニルソン氏のぬいぐるみを見つけて思わず買ってしまった。絵本もニルソン氏も全部10クローネだった。

地図も見ずに、気づけばかなり遠くまで歩いてきている。観光目当てではまず訪れることのない道もだいぶ歩いた。途中で良さそうなカフェやブティックを見つけたのも収穫だった。年に一度の開催だけれど、この日程に合わせてまた来たいと思ってしまう、そんな蚤の市だった。

とりあえずダマッテオ

天気良すぎ # 夏みたい

One day in Göteborg

9:30	ダ・マッテオで朝食
10:10	通りかかったフード フェスティバルをのぞく
11:00	蚤の市へ
13:00	マヨルナのカフェでランチ
14:00	引き続き、蚤の市をまわる
17:30	ホテルへ一旦戻り、 戦利品を置く
19:30	ボード 27 で夕食

宿泊したホテル

Hotel Flora

レストランやブティックがひしめく繁華街に位置するおしゃれなブティックホテル。歩いてすぐの場所にダ・マッテオ（P.94）が3軒ある。朝食もとてもおいしい。

Spar Hotel Majorna

中央駅からトラムで 20 分ほどの立地。個性的な店のあるマヨルナ地区の散策がしたい人におすすめ。フロントの対応が良く、価格もリーズナブル。

シーバックソーンのジュース

フードフェスでアイス

なんか可愛い # 売る気あるかな

名作系はそれなりに高い

よく似てるたぶん姉妹

シナモンロール # 食べれば良かった

デザイン照明が素敵なレストラン

なにげにお宝が揃ってる

いまの北欧デザインって？

Göteborg

Fine Little Day

北欧らしいデザインって何だろうと考えることがある。ミッドセンチュリーの家具か、それともナチュラルなテイストか。人によって切り取る部分は異なるだろうけれど、いま私がもっとも北欧的と思うのは『ファイン・リトル・デイ』だ。ヨーテボリに暮らす人気ブロガーでインスタグラマーのエリーサベット・デュンケルのブランドで、もともとは同名のブログとしてスタートした。日々の暮らしやインテリアのアイデアを発信するうち世界中にファンができ、ブログの一部は本になり、彼女が描いたイラストは商品になった。エリーサベットはいまやデザイナー、スタイリスト、カメラマン、アーティストと活動の場を広げている。

ファイン・リトル・デイのデザインはひと筆書きでさらりと描けるようなものばかり。「遊びの中から生まれる

デザイン」をコンセプトに掲げ、ブランドを代表するモミの木柄も睡蓮柄もノートの切れ端に落書きしたような気軽なタッチだ。息子オットーが幼い頃に描いたという船や山の絵をもとに作られたパターンもある。

　ファイン・リトル・デイのショールーム兼ショップはヨーテボリの街中から車で20分ほどのリンドームという街にある。もともと紡績工場だったという建物は天井が高く、広いスペースの正面には大きな窓があって照明なしでも十分に明るかった。窓際に置かれたベッドは睡蓮柄やカモメ柄のリネンで彩られ、睡蓮柄のクロスを敷いた大きなテーブルにはエリーサベットがイラストに描いていたような素朴な花が飾られていた。何度も本で見たファイン・リトル・デイの世界がそこに広がっていた。

　ショップ内にはワークスペースもあり、すぐそこでスタッフが作業をしている。ハンガーラックにかかったブラウスやシャツを見ていたら「それは売り物ではないんです」と日本語で話し

かけられた。スタッフの一人、日本人のサトコさんは縫製が趣味でファイン・リトル・デイの生地を使って服を仕立ててみたという。そういえば以前、エリーサベットが来日した際に睡蓮柄のワンピースを着ていた。それもサトコさん作で、ワンピースは商品化もされている。マスタードイエローの睡蓮柄がエリーサベットによく似合っていたのを覚えている。「マスタードイエローってこっちの人はあまり着ないんです。でも彼女にはあの色がぴったりだと思って仕立てたら好評で」と裏話を教えてくれた。ベージュもあまり使わない色だという。言われてみると確かにスウェーデンの従来のインテリア店やブティックにはもっと強い色があふれている。一方ここにはベージュやグレー、紺など穏やかで落ち着いた色のみ。そしてその組み合わせが美しい。ファイン・リトル・デイが独特の存在感を出しているのは、この色使いのせいかもしれないと、ふと思った。

パターンを製品化する際にはスタッフ全員で、どの色がどの製品に適して

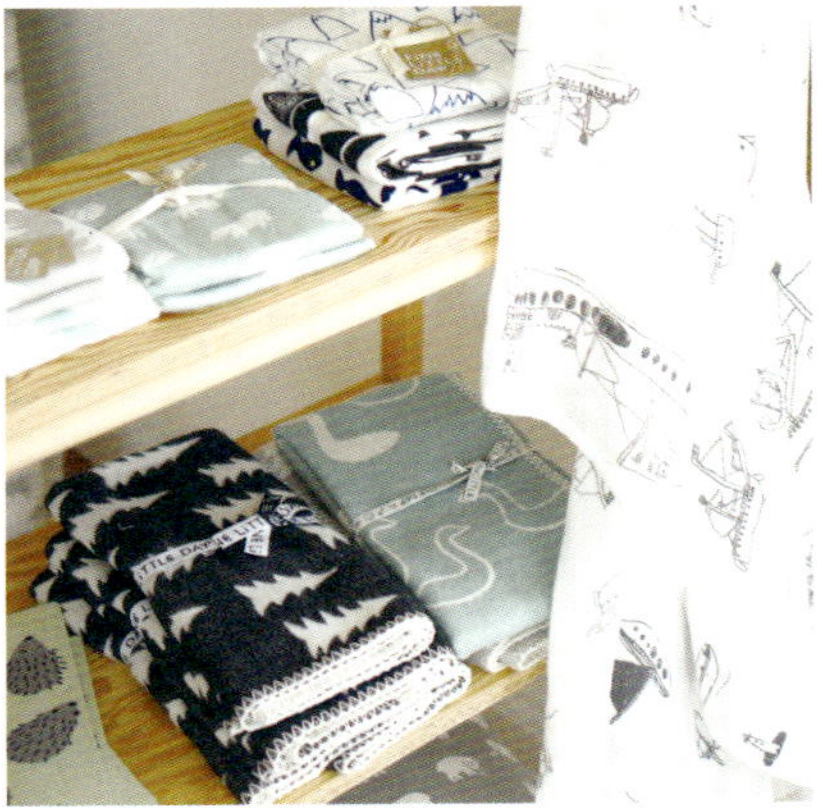

Fine Little Day　Spinnmästarevägen 2, 437 34 Lindome　http://www.finelittleday.com/

いるかを吟味するという。同じ柄でもイラストで見るのと、布で見るのと、服や小物とでは違って見える。色が変われればまた違って見える。サトコさんの話を聞いてから店内をもう一度まわってみた。ベッドのテキスタイルもテーブルまわりのコーディネートも改めて見るとやはり色合わせが絶妙だ。この色使いって、どこか日本の民芸とも通じる。

ショップに着いた瞬間は浮かれてあれもこれも欲しくなってしまったけれど、少し頭を冷やして私の部屋には何が合うのかよく考えてみた。そうして選んだのはベージュの睡蓮柄テーブルランナーと、モミの木柄のブランケット。カタログやネットで見ていただけなら選ばなかったかもしれない色。実際に見て触って、組み合わせて。置かれたところ、使われているシーンを想像してみる。北欧の人はインテリア製品を選ぶ時にゆっくりと時間をかけるというけれど、吟味の積み重ねが素敵な空間を作っていくのだと、そんなヒントもみつけた気がした。

人気ブロガーの美しい暮らし

エリーサベットと初めて会ったのは偶然で、ヨーテボリで蚤の市を巡っていた時にすれ違ったのだった。ブログや本を読んで彼女がヨーテボリに暮らしていることは知っていたけれどまさか会えるとは思っていなかった。「あなたの作るものや暮らし方が大好きです」と伝えると彼女は「いつか私の家にいらっしゃい」と言ってくれた。そして「あなたのカーディガンが素敵だなあって思って、私もさっきあなたを見ていたの」と言われた。まさか憧れの人にそんな言葉をもらうとは。エリーサベットが男性だったら恋に落ちていたかもしれない……なんて、少しのぼせた頭で思った。

一年後、私は彼女の家を訪ねていた。エリーサベットは家族と一緒に古いエレベーターのある建物の上階に住んでいる。まずはフィーカをしない？　と提案されてキッチンへ向かう。キッチ

エリーサベット・デュンケル
Elisabeth Dunker

ヨーテボリ在住。アーティスト、ビジュアルコミュニケーター。ブログ『Fine Little Day』を通じて世界的に注目を浴びる。自身のブランド『Fine Little Day』のほか『House of Rym』『IKEA』などでデザインを手がける。

https://www.instagram.com/finelittleday/

ン脇の小部屋には、本やインスタグラムで何度も見ていた愛猫のシリとルートがいた。「私はコーヒーを飲まないの。よかったら自分でどうぞ」と言い、白樺のバスケットに入ったクッキーをすすめてくれた。

14歳から写真に興味をもち、テレビ局のカメラマンとしてキャリアをスタートし、その後デザインを勉強し直すためにデザイン工芸の学校へ入学して、その日々を発信するうちに仕事となっていまに至る。そんな彼女のストーリーを聞きながらエリーサベットの魅力ってなんだろう、と改めて考えていた。どうしたらこんな暮らしになるのか、どうして私たちがこんなに北欧に惹かれるのか、そのヒントをこの部屋で見つけたかった。

彼女の部屋は雑誌で見るようなモノトーン調のミニマルな部屋とも、ビンテージの食器や布に彩られた部屋とも違う。リビングの家具も照明も、ソファにかかったテキスタイルも、作られた時代や国はさまざまで、特定のスタイルや時代の主張がない。

キッチンでしゃべっていた時、カップを口にした私に突然「写真を撮ってもいい？」とエリーサベットが聞いた。水玉柄のシャツを着た私が、彼女が用意した水玉柄のカップを持っている様子が素敵だから撮りたいという。「おしゃべりの途中でも『いい構図！』ってて思うとついシャッターを切りたくなって」と少しだけ申し訳なさそうに言った。彼女はきっとシーンを切り取るのが好きで、上手なのだ。根っからのカメラマン気質というか、俯瞰するのが上手い。部屋づくりのコツもそこにあるのかもしれない。

エリーサベットの写真にはデザインや暮らしや世界への問いかけと好奇心を綴った言葉が一緒に添えられている。質問好きで、私からの質問の合間にも「好きなデザイナーは誰？」「好きな色は？」「誕生日は？」「そのジーンズ、どこの？」と問いかけてくる。どんなデザインを好きで何色の服を選ぶのか、慌てて自分に問いかけながら答えるのはセラピーを受けているような体験だった。

エリーサベットは暮らしやデザインの人という印象が強いけれど「ファッションも大好き」と言う。寝室にあるハンガーラックには年代物のワンピース、モードなデザインのカーディガン、懐かしい雰囲気のウールパンツなど、やはりスタイルも年代も違う服が並ぶ。ファイン・リトル・デイの生地を使ったマスタード色のワンピースもあった。「服を選ぶ基準って？」と尋ねると、うーん、とひと呼吸置いて「肌触りの良いものかな」と答えた。そして私のシャツを指差して「私は茶色が大好き。でもスウェーデンの人ってあまり茶色を着ないの。私はアーシーな色が好きなんだけど」と続けた。ファイン・リトル・デイの商品にはベージュやグレーなど土や石や砂を思わせるアーシーな色使いが多い。「スウェーデンの人はもっと明るい色を好むでしょう」と彼女が話すように、街を歩くと黄色や真っ青など目に眩しい服が目に入る。もしくはモノトーン系のストイックな装い。エリーサベットは服も部屋の色もアーシーだ。

　ベランダに出て話をしていると「この近くで3回も引っ越しをしているの」と言う。「あそこに見える黄色い建物に前は住んでいて」とハガ地区の方を指さし「その後、この部屋の隣に住んで、いまはここにいるっていうわけ」と続けた。「この場所が好きなのね」とベランダから見えるカフェを指さして「あのカフェ、大好き」と言った。この人はつくづく「好き」のパワーが強い。好きな場所、好きなデザイナー、好きな色、好きな肌触り。インスタグラムやブログを通して「私はこれが好き」と言い続けることって、なかなか大事なことかもしれない。「遠くに探しに行かなくても素晴らしいものは日々の中にある」と彼女が綴っていた言葉を思い出した。
　また洋服の話になって「最初に会った時にあなたが着ていたカーディガンが可愛かったのよね！」と言われた。あれはやっぱり社交辞令ではなかったとわかって嬉しかった。たぶん彼女の暮らしに、社交辞令なんてないのだ。

ランチとビールのおいしい映画館

Göteborg

Hagabion

ハガはヨーテボリきっての観光スポットだ。石畳のストリートには『Göteborg』の文字が躍るおみやげ店や巨大なシナモンロールが人気のカフェが並び、観光客らしき人々が行き来している。目にとまるのは1階が石造りで上は木造3階建ての建物だ。防火対策で石造を取り入れつつも上階はコストを抑えるために木造にするという折衷案は19世紀に好まれたスタイルでハガ地区独特の建築だという。中にはすべて石造りの建物もある。ハガ地区のシンボルともいえる映画館ハガビオンがそうだ。

ハガビオンは「フォルケッツ・ビオ（人々のための映画）」と呼ばれる団体が運営し、商業的な作品よりも、新しい視点や対話をもたらすような映画を選んで上映している。初めて訪れた時にはスウェーデンの黒歴史ともいわれるサーミ民族への差別を捉えた作品

『サーミの血』が上映されていた。ハガビオンでは良質な映画が見られるだけでなく、館内のカフェとバーではおいしいビールやランチが味わえる。なんと独自の醸造所をもち、世界的なビール評価サイトで世界第9位にランキングされた銘柄も生み出している。

夏のような気温を記録した6月の金曜日、夜8時頃に訪れると映画館前のテラス席内にバーカウンターが設置され、人があふれていた。小さなテーブルをぎゅうぎゅう詰めで囲んでいるグループ、立ったままビールを片手におしゃべりに夢中な人たち。なかなか座れそうになく、立ち飲みするしかないかと思っていたら一人でテーブルについていた初老の男性が「一緒に座るといいよ」と声をかけてくれたので運良く座ることができた。「ハガビオンのおかげでアーティストやクリエイターが、またこのハガ地区に戻ってきたんだよ」とその男性は言った。そして「ハガは観光客も多いけれど、ここに来ると地元の顔見知りに会えるんだ」とグラスを片手に人混みの中に入ってい

📍 Hagabion (Bar Kino / Hagabions café)　Linnégatan 21　http://www.hagabionscafe.se/

き、まわりの人たちと会話を交わしていた。

ハガビオンは食事もおいしい。すべてのメニューはベジタリアン対応で新鮮な野菜がたっぷりと使われている。タイカレーなどアジアンテイストのメニューも得意なようだ。平日の昼間にランチを食べようとカフェを訪れた時には、ラテパパと思われる赤ちゃん連れの男性2人がお店の人を交えて話に花を咲かせていた。映画とビールとおいしい食事、そして居心地のいい空間。ここは旅人にとっても戻ってきたくなる場所なのだ。

世界第9位に選ばれたビール

Göteborg

Stigbergets Bryggeri

個性的なビール醸造所の多いヨーテボリでも際立ってユニークな存在が、映画館ハガビオンが運営する『スティグベルゲッツ』だ。「映画館でおいしいビールを」。そのシンプルなアイデアを実現するためヨーテボリ屈指のビール醸造家オッレ・アンダーションを招いて設立された。広報を担当するマーティンはこう話す。「ハガビオンのオーナーは僕たちに好きにやらせてくれる。売るのはまかせてくれ、と。だから僕たちはビール造りに集中できるんだ」。オッレを筆頭に今では5名の醸造家がビール造りに励み、そのひとつ『Stigbergets GBG Beer Week 2016』はビール評価サイトで世界第9位に選ばれた。

『アメイジングヘイズ』と名付けられたＩＰＡスタイルのビールはブランドを代表する味だ。「僕らはヘイジーな味が得意なんだ」とマーティンは言う。ヘイジーとは最近クラフトビール界でよく耳にする言葉で、靄のかかった、透明ではないビールのことを指す。醸造の過程であえてろ過しないことでフルーティでジューシーな味わいを生み出すのだ。商品名はもちろんアメイジンググレイスに引っ掛けている。もうひとつの人気商品はカモメのラベルが目を引くウェストコーストＩＰＡ。こちらもヘイジーな味わいだ。ウェストコーストと聞くとアメリカ西海岸が思い浮かぶけれど、もちろんスウェーデンの西海岸を指している。「僕らのヘイジーなスタイルのビールは（アメリカ東海岸にある）ニューイングランドＩＰＡと呼ばれるから、『いや西海岸だよ』ってジョークでもあるんだ」と教えてくれた。ラベルデザインは地元ヨーテボリのイラストレーター、ニール・ペイリング作。

「ヨーテボリにはなぜおいしいビールが多いんだと思う?」と素朴な疑問をぶつけるとこんな答えが返ってきた。「ゆとりがあるからかな。例えばストックホルムだと賃料も設備費も高くつくから早く結果を出さないと続けていけない。その点、ヨーテボリはトライ&エラーの余地がある。腰を据えてビール造りに取り組むことができるんだろうね」。

Stigbergets http://www.stigbergetsbryggeri.se/

大人もよろこぶ遊園地

Göteborg

Liseberg

北欧の遊園地というと、世界で二番めに古い歴史をもつコペンハーゲンのチボリが有名だ。当時、市民が楽しめる娯楽施設がなかったためデンマーク国王の臣下が「誰もが息抜きできる場所を」と発案し作られたという。ちなみに世界でもっとも古い遊園地はコペンハーゲン郊外の街バッケンにある。そんな隣国デンマークの影響もあってか、ヨーテボリにも人気の遊園地がある。1923年設立の遊園地『リセベリ』は北欧最大級の遊園地であり年間300万人が訪れるという。園内にはレストランや劇場もあるし、レトロな雰囲気の中をそぞろ歩くだけでも楽しい。

　訪れた6月上旬の木曜日は夜9時も近いのにまだ園内にたくさん人がいて、中学生くらいのグループがとくに目立っていた。そういえばスウェーデンは6月上旬には夏休みがスタートす

る。日も長く、まだ夕暮れ時といった雰囲気で子どもたちもまだまだ帰るつもりはないようだった。頭にウサギ耳をつけた子どもがやけに多いなと思ったら、リセベリのメインキャラクターがウサギなのだった。北欧生まれのキャラクターというとムーミンやピッピが有名で可愛らしい印象があるけれど、遊園地やおもちゃ屋で見かけるキャラクターには、夢に出てきてうなされそうなちょっとコワイ見た目のキャラも多い。リセベリのウサギもどちらかといえばそれだ。入口手前にある歩行者信号機がウサギのシルエットだったのには驚いた。

　リセベリは木製のジェットコースター、バルダーが有名で「世界の木製ジェットコースターランキング」で第1位に2回も選出されているという。木製と聞いて浅草にある遊園地、花やしきの民家につっこみそうな素朴なジェットコースターを思い出したけれどぜんぜん違った。プレハブ工法で作られたモダンな木製ジェットコースターはずっと大規模で、複雑なレール

West Coast Jitterbugs　http://wcj.se/
Gentlemen & Gangsters　http://gentlemenandgangsters.com/

の足場は現代アートのようだった。

1メートル以上はある巨大なチョコレート菓子が当たる射的も人気で、フィンランドのゲイシャやスウェーデンのダイムなど北欧っ子おなじみの菓子もある。ただし地元の子どもたちには北欧製よりも海外製の方がおしゃれに見えるのか、スイスのトブラローネを嬉しそうに持ち帰る子どもの方が多かった。

園内には劇場やダンスホールがあって一年を通してさまざまな演目が催されている。私が訪れた日には地元ヨーテボリのジャズバンド『ジェントルメン&ギャングスターズ』が演奏していて、ダンスホールではあふれんばかりの人が踊っていた。このバンドはストックホルムやウプサラなど国内遠征にくわえて海外でも演奏し、各地のダンサーに愛されている。その夜は40分ほどのステージを3セット演奏。入場料さえ払えばこんな演奏が楽しめるなんてお得だ。ちなみにその日の演奏はダンスイベントの一環で、地元ダンサー達がフレンドリーなのも印象

Liseberg　Örgrytevägen 5　https://www.liseberg.com/

的だった。スウェーデンではたびたび踊っているけれど、シャイなのか向こうから誘ってくれることはなかなかない。それがその夜は次々に声をかけられた。リセベリの雰囲気のおかげか、それともヨーテボリダンサーが社交的なのか。演奏後にだいぶ人の少なくなったダンスフロアでは、ステージでトランペットを吹いていたバンドリーダーも踊っていた。

夜の10時も近づいてやっと日が沈み、演奏が終了する頃には園内のイルミネーションが浮かびあがっていた。暗くなってからの園内もまた雰囲気があっていい。リセベリはヨーテボリで活躍した政治家であり大工でもあったハーマン・リンドホルムがその礎を築いたという。もともと農家育ちのリンドホルム氏は地に足のついた施策とふるまいで、市民の信頼も厚かったという。リセベリを歩いていると、その説に大きくうなずきたくなる。市民のことを考えてつくられた遊園地。時代を超えて愛される遊園地は大人の息抜きにも最適な場所なのだ。

おしゃれしたくなる街

リセベリの夜、目を奪われたのが踊る女子たちのファッション。よく見るとマルメのショーウィンドウで見たワンピースや、ネットでたびたびチェックしていたスコーネやヨーテボリのデザイナーの服を着ているダンサーがいて、カワイイ！ 素敵！ とひとり盛り上がってしまった。北欧の人というと大柄な印象があるけれど、実際には小柄な女性も少なくない。自分と似た体型の人たちが素敵に着こなしているのを見ると俄然、欲しくなってしまう。妙齢の女性たちの着こなしもキュートで、ストックホルムほど隙のないスタイルではなく、力の抜けた感じもまたいい。

翌日は19世紀の建物に入っているオークションハウスでダンスパーティが行われていた。その夜もビンテージ風のワンピースやブラウスを着て、頭にはスカーフを巻いたり大きな花をピンで留めてジャズの時代の雰囲気を身にまとったダンサーたちが集っていた。ここ数年、スウェーデンではビンテージ風ファッションが流行しているけれど、古い街並みのせいかレトロな装いがしっくりと合う。

蚤の市でマヨルナ地域を歩いていた時に、偶然入ったアトリエで好みのブラウスを見つけた。『ビルギット&ベニー』というヨーテボリのブランドで、取り扱いのある市内のセレクトショップを教えてもらって訪ねてみたところ、それぞれの店でも可愛い服やアクセサリーに出合ってしまった。シナモンロールやオープンサンド型のアクセサリーなんて、スウェーデン好きにはたまらない。

ひと目惚れで手に入れたビルギット&ベニーのターコイズブルーのブラウスは大のお気に入りとなり、いざという時の勝負服となった。可愛くて、ちょっと個性的で、たぶん誰ともかぶらないとっておきの一着だ。

Jumperfabriken

Vallgatan 25

https://www.jumperfabriken.se/

ストックホルムにもコンセプトショップを持つ人気のブティック。ヨーテボリ大聖堂の近くにポップアップショップがある。

Butik Kubik

Linnégatan 6

https://butikkubik.wordpress.com/

ユニークなアクセサリーの『BECCA』、レトロスタイルが得意な『emmy design』など注目ブランドの他、オリジナル製品も展開。

Bang design & re use

Larmgatan 2

http://bangdesignandreuse.se/

『Birgit & Benny』ほかローカルデザイナーが作る服やアクセサリー、ベビー用品やインテリア、雑貨まで幅広く揃えるセレクトショップ。

Baum work/shop

（Birgit & Benny のアトリエ）

Mariagatan 23

年代を問わずに着られるシンプルなデザインが人気のブランド。デザイナーはスコーネ出身でスコーネをイメージした柄もある。

おしゃれ朝食

とりあえずダマッテオ

One day in Göteborg

9:30	JOS で朝食
10:20	ダ・マッテオでコーヒー
11:00	おしゃれブティック巡り
12:00	ハガ地区を散策
12:30	ハガビオンでランチ
14:30	ファイン・リトル・デイでお買物
18:30	マガジーノで夕食
20:20	リセベリへ

建物が素敵

街角アート # 北欧人はクマ好き

爆買いしそうになった

昼からクラフトビール

イタリアンで魚づくし

映画館でランチ

これは大人もはしゃぐ # 北欧の遊園地

また泊まりたい # おしゃれホテル

バリスタチャンピオンのコーヒー案内

スティーブン・モローニはスウェーデンのバリスタチャンピオンに2度、輝いている。スティーブンに初めて会ったのはルンドにあるラブコーヒー（P.54）だった。その後、スイスの学生が作ったという、スウェーデンのコーヒー文化「フィーカ」を紹介するショートムービーに出演しているのを見て、彼が最新のスウェーデン代表バリスタチャンピオンだったこと、そしてオーストラリア出身と知った。その後、彼はヨーテボリのカフェ、ダ・マッテオ（P.94）にバリスタとして移り、2度めのバリスタチャンピオンに輝く。

ヨーテボリで再会したスティーブンは、ダ・マッテオで導入したばかりのニトロコーヒーをごちそうしてくれた。ビールサーバーを使って提供するアイスコーヒーで、日本でも注目されている新しいスタイルだ。一緒に薦めてくれたアボカドのオープンサンドもおいしかった。

スティーブンは時間をみつけてはおすすめのコーヒーショップを案内してくれる。彼がとくに気に入っている店はヨーテボリのランドマーク、ポセイドン像の近くにある『ヴィクトールカフェ』（P.124）。中央駅から運河を挟んで対岸にある『カフェ・アルケミスト』も居心地のいい店だった。ヨーテボリのコーヒーシーンについて尋ねると「いいカフェや焙煎所が増えてるよ。そうだ、これ見せようと思って」と持ってきたコーヒー豆をバッグから取り出した。スウェーデン語で朝を意味する、モーロンと名付けられた焙煎所のコーヒー豆のパッケージにはフルーツやグラス、円錐形のオブジェなどが並ぶアートっぽい写真が貼られていた。「コーヒーの味についての説明って柑橘系とか、ナッティでチョコレートっぽいとか表現するけれど言葉であれこれ書かれてもわかりにくいでしょ。だから目で見てわかるようにって味のイメージを写真で表しているんだよ」と教えてくれた。

スティーブンは自分のことを「スウェーデン西海岸で暮らす迷子のオーストラリア人」

と紹介する。どうしてスウェーデンなの？ どうして西海岸なの？ どうしてヨーテボリなの？ と尋ねると「人がいいよね。居心地がいいんだ。ここの夏は最高だよね！」と返ってきた。夏はデルション湖やフェリーで行けるショーン島で過ごすのが好きだという。オーストラリアの夏も素敵そうだけれど、それを凌ぐ良さがここにはあるのかもしれない。「以前暮らしていたマルメがちょっと恋しくなることはある。ヨーテボリの方が少し保守的かな。マルメは移民が多いし、僕にとっては居心地がいいんだよね」とも話していた。

現在はダ・マッテオを卒業し、フリーランスとしてコーヒーのイベントを主催したりサポートしている。主催イベントには、バリスタ同士が交流できるバリスタ・リーグや、コペンハーゲンの街をサイクリングしながらコーヒー好きが交流するカッフィ・カット（コーヒー猫の意味）などがある。どうして猫なの？ と尋ねると「猫は、その、真面目じゃないでしょ」と言う。そして「コーヒーの素晴らしさを伝えたいと思うあまり、真面目になりすぎちゃう人が多いからね」と続けた。人懐っこい迷子のオーストラリア人は、スウェーデンと北欧のコーヒーシーンをこうして密かに支えている。

スティーブン・モローニ
Steven Moloney

オーストラリア出身。ルンドのラブコーヒー、ヨーテボリのダ・マッテオでバリスタを務め、2016 年と 2017 年にスウェーデンのバリスタチャンピオンに輝く。現在はフリーランスとしてバリスタ・リーグなどを主宰。

The Barista League
https://thebaristaleague.com/

Kaffekat のロゴ
Illustration: Linden Carter

Alkemisten
Gustaf Dalénsgatan 14
http://www.alkemistenkaffebar.se/

Morgon Coffee Roasters
https://morgoncoffeeroasters.com/

顔がほころぶカフェ

Göteborg

VIKTORS KAFFE

その店を思い出すと顔がほころんでしまう。バリスタのスティーブンが教えてくれたヴィクトールカフェだ。店に入ると床で大きな犬が寝ていた。後ろに小さな布張りのソファがあり、壁に「ローガンの席」とプレートが打ち付けてある。なるほど普段はソファが定位置で、その日は急に暑くなったから、ひんやりとした床に寝ることにしたらしい。狭い通路を塞ぐようにしてローガンはのびのびと寝そべっていた。

カウンターに立つバリスタ、ヨハンのコーヒーを淹れる手つきは美しい。北欧のバリスタは派手なパフォーマンスなしで淡々と作業をする人が多いけれど中でもヨハンは特別だ。豆を測って、挽いて、抽出器具に設置して、カップを置き、一杯ずつ注ぎ入れる、ひとつひとつの作業が的確で無駄がない。エスプレッソでもハリオV60でも見事

VIKTORS KAFFE　Geijersgatan 7　http://viktorskaffe.se/

な手つきは変わらない。ヨハンの手元をじっくりと見るならカウンター席に座るのがおすすめだ。

ヨハンの堂々とした振る舞いから彼がオーナーのヴィクトールと最初は勘違いをしていた。本物のヴィクトールはバイキングのコスチュームが似合いそうなたくましい男性で目が合うとこちらの顔も思わずほころぶような、やさしい笑顔で話してくれる。そう、このカフェを思い出して思わず口元がほころぶのはヴィクトールの屈託のない笑顔を思い出すからだ（ヨハンが素敵なのもあるけれど）。

コーヒー豆はスペシャルティコーヒーの焙煎所から仕入れていて、初めて訪れた時にはちょうど飲んでみたかったコペンハーゲンの『エイプリル』の豆を使っていた。コーヒー豆は販売もしている。ひと口飲んで「これは買い」と決めていたエイプリルの豆をうっかり買い忘れてしまったのはヨハンに見とれていたせいか、居心地が良すぎて頭がゆるんだせいか。それはちょっと口惜しい思い出だ。

スウェーデンの西海岸で泳ぐ

Göteborg Archipelago

初めてスウェーデンへ着いた時、空港列車を降りてストックホルム中央駅近くでスーツケースをゴロゴロと引きながら歩いていたら通りすがりの人に「旅で来たの？　あのね、アーキペラゴには絶対に行った方がいいよ！」と突然、声をかけられた。その時はまだアーキペラゴという単語を知らなかった。繰り返しのスウェーデン滞在で、その言葉を耳にして、たくさんの島が点在する群島域のことを指すと知った。アーキペラゴというとストックホルムが有名だけれど、ヨーテボリにもアーキペラゴがあって、大小さまざまな島が南北に広がっている。

さてどの島に行こう？　と悩んで選んだのは、南側の群島にあるスティルスー島。カフェや宿泊施設もある比較的大きめの島だ。街の西端にあるサルトホルメン港からフェリーで20分ほどで到着する。トラムで港まで行

き、人々が歩く方向についていくと船着き場があった。チケット売り場で尋ねると南側の島へ行くフェリーはトラムなど公共交通の乗車券と共通だという。すでに3日間乗り放題の券を持っていたのでそれで乗ることができた。スティルスー行きを確認して乗り込むと2階には売店があった。コーヒーやスナックを売っていて船上フィーカもできる。アイスクリームを買って見晴らしのいいデッキ席をのぞくと既に満席。室内に戻って窓際の席に座り、短い船旅を楽しむことにした。

スティルスーの港に着くと、かなりの人数が降船していく。どうやら天気の良い日に街中から気軽に泳ぎに来られる場所として人気のようだ。最寄りのビーチへと曲がりくねった小道を歩いていくとゴルフ場で見るようなカートが横をすり抜けていった。スティルスー島をはじめ南側の群島では自動車の乗り入れが禁止されていて、島の人たちはカートや荷台付きの自転車で移動をするという。

ビーチに出るとまばらに人がいた。

Café Öbergska　Brattenvägen, 430 84 Styrsö　http://www.obergska.se/

ほとんどの人は日光浴を楽しんでいて、泳いでいるのは少数派。海の手前には小屋があり部屋の中は会員用で、トイレは誰でも使っていい様子だ。海際にはベンチ付きのテーブルがあって、まずは街中で買い出しをしておいたお昼ごはんを食べることにした。さてひと泳ぎと桟橋からハシゴをつたって海に入ると、水の冷たさに驚く。そして潮の流れが思った以上に強くて、ふにゃふにゃと泳いでいたらあっという間に流されそうだった。小屋の反対側は入り江になっていて乳幼児連れの家族が何組か、楽しそうに波打ち際で遊んでいた。そのまま海沿いに入り江を歩くと丘に向かってきれいな家が並んでいて、どの家も海側には大きな窓で囲まれた温室のような部屋を設けていた。

　帰りは海沿いの遊歩道をたどって港へ戻ることにした。桟橋や遊歩道など、ほどよく設備が整っているので海水浴も散策もしやすい。港近くのカフェに立ち寄るとテラス席はほぼ満席。しかし店内席はガラガラというスウェーデ

ンでよく見かける状態になっていた。薄いクレープのようなパンケーキを注文した後、ヨーテボリに暮らす友人からおいしいよと薦められていた『レイオネット&ビョーンネン』のアイスを見つけてそれも頼むことに。北欧名物のシーバックソーンとブルーベリー味を選んだ。

帰りのフェリーは、サルトホルメン港からさらに街中の港まで行く便に乗った。夏期はそのルートが一日に一便だけ出ていて、サルトホルメンから40分ほど、遊覧船さながらヨーテボリの街並みを海から眺めることができる。行きには気づかなかったけれどサルトホルメンの港そばにもビーチがあって、通り過ぎる時には岩場で日光浴をする人々が見えた。サルトホルメンから街中までの便は人気があるようで2階のデッキ席は立ち見の人も大勢いた。街の建物が見えてきて写真を撮るのに夢中になっていたら、そばにいた女性が「あそこに停泊している木造の帆船は東インド会社の貿易船のレプリカでね、初航海は中国へ行ったのよ」

スティルスー島への行き方
Saltholmen より 281 または 282 番フェリーに乗船
（停まらない便もあるので注意）。Styrsö Bratten 下船。
282 番は同じスティルスー島の Styrsö Tången にも停まる。

フェリー情報
https://www.styrsobolaget.se/
時刻表やカフェ付のフェリーが確認できる。
時刻表は季節により異なる。

とガイド顔負けの解説をしてくれた。聞くと彼女はヨーテボリ在住で、ストックホルムから訪ねてきた従姉妹と一緒に乗船しているとのことだった。親切な彼女の話しぶりに、「アーキペラゴに行け！」と最初に教えてくれた人のことを思い出した。

　帰ってから調べてみたら、スティルスーは第二次世界大戦中に海防の拠点とされ、ほんの20年ほど前まではスウェーデン人以外の上陸が禁止されていたという。そういえば高台に大砲があったことを思い出す。島でもっとも高い場所にある展望台からは島全体とアーキペラゴまでが見渡せるという。島には古い漁村や農村が残されていて夏場以外の散策も楽しそうだ。隣のドンスー島とは橋でつながっているので自転車を借りてサイクリングをするのもいいかもしれない。現在、島には1400人ほどが暮らし、島出身の著名人には2017年のカンヌ映画祭でパルムドールを獲得した『ザ・スクエア』の監督、リューベン・オストルンドがいる。

トラムで街を見る

ヨーテボリの街が好きな理由のひとつにトラムの存在がある。トラムが走っている街は旅をしやすい、と思う。バスよりもルートや行き先がわかりやすいし、移動がてら街の見学もできる。

中央駅からショップやカフェが並ぶハガ地区へ。蚤の市をやっている公園へ。人気の遊園地リセベリへ。ヨーテボリで行ってみたい場所には、だいたいトラムで行くことができる。人疲れするような大通りも、トラムの中から眺めているぶんには面白い。旅の途中でスーツケースが壊れてしまい、代わりの品をどこで買おうかと困っていた時に繁華街を通りぬけるトラムの中からスーツケースを揃えた店を発見し、助かったこともある。

トラムの旅をゆっくりと楽しむのなら、11番のラインがおすすめだ。中央駅から水辺に面した憩いの場、クングス公園を抜けて賑やかなハガ地区の脇を通り、ビンテージ店やカフェのあるマヨルナ地区を通り抜けていく。終点はサルトホルメンの港で、アーキペラゴへの船が出ている。港に着くすこし手前の線路沿いには可愛らしい家が並んでいる。陽射しの強い日に港へ向かえば、水着にシャツを羽織った人やビーチチェアを持った人がどんどん乗り込んでくる。

マヨルナ地区を走る3番ラインは頻繁に利用した。3番トラムが通るマリア広場周辺には面白そうなセカンドハンドの店やアトリエなどが点在し、気になったら降りて、少し歩いてまたトラムに乗る。こうしてトラムで休憩しながら、気になるエリアをぐるぐるとまわる。

ヨーテボリのトラムの車内では隣り合った人が気軽に会話を交わしていた。じつは私も話しかけられたことがある。「ダンスホールで君たちのことを見かけたよ」と前の席に座り、自分の好きな音楽やヨーテボリのダンスシーンについて教えてくれた。降りる間際に「これ、ダンスイベントの会場への地図。持ってる?」と地図を渡してくれた。

旧型のトラムも現役で走っていて、降りる時には窓の上に張られたワイヤーをひっぱると合図となる。この合図がやりたくて、線路の向こうからレトロな車両が走ってくると嬉しくなってしまう。

クラフトビールをハシゴする

Göteborg

Andra Långgatan

コペンハーゲンのビアフェスティバルに参加した時、地元のビール好きと「スウェーデンでビールの街といったら、どこ?」と話題になった。その場にいた全員が口を揃えてこう言った。「そりゃヨーテボリでしょう!」

ヨーテボリのビール醸造の歴史は古く、スウェーデン東インド会社の拠点があったことからビールの輸出も盛んだったという。スウェーデン人は「水代わりにビールを飲む」と言われるほどビール党の国民だけれど、2000年代に入ってクラフトビールが盛り上がりを見せる。ヨーテボリではマイクロブルワリーの先駆けとなる『デュッゲス』が2005年に誕生し、この十数年でヨーテボリを中心とする西海岸から個性的なブルワリーが続々と生まれた。2016年にはビール評価サイトのレートビアで「今年の新銘柄ビール・トップ50」にヨーテボリから3つ

のビールがランクインしている。

ヨーテボリで行きたいブルワリーはハガ地区に隣接するアンドラロング通り沿いとその周辺に集中していた。トラムを降りて向かう途中、私が迷っているのかと心配した地元の青年が一緒に歩きながら「アンドラはセカンドの意味で、北側にはフォシュタ（ファースト）ロング通り、南側にはトレージェ（サード）ロング通りがあるんですよ」と教えてくれた。

ビアストリートとも呼ばれるアンドラロング通りで、別格の存在感を放っているのが『ザ・ローバー』だ。地元のクラフトビールからイギリスやベルギー、アメリカなど世界各国の味を揃え、32種類の生ビールが並ぶカウンターは圧巻。いつ通りがかっても混雑していて、ビールマニアからの評価も高い店だ。対面にある『オルステューガン』ではミートボールやオープンサンドなど伝統的なスウェーデン料理が食べられる。アンドラロング通りの他にも市内で数軒展開している人気店で、店名はビールの小屋を意味する。

The Rover
Andra Långgatan 12
http://www.therover.se/

Ölstugan Tullen
Andra Långgatan 13
http://www.olstugan.se/

Brewers Beer Bar
Tredje Långgatan 8
https://brewers.gastrogate.com/

PomPom
Andra Långgatan 27
http://www.pompomgbg.se/

Omnipollos
Plantagegatan 3a
http://www.omnipollosgbg.com/

シードルの専門店『ポンポン』もおすすめだ。シードルといえばフランスだけれど、スウェーデンでもリンゴや洋梨を使ったアルコール入りの甘いサイダーが長年親しまれていて酒専売店に行くと専門コーナーもある。ただしポンポンで揃えているのはクラフトビールの盛り上がりとともにいまイギリスやフランスで流行しつつあるクラフトタイプ。生でも飲めるし、ボトルも幅広く揃えていて、昔ながらのサイダーよりも甘さ控えめで上品な味わいは食事にも合う。窯で焼き上げる手作りピザもおいしい。70年代風のインテリアは、硬派な店構えが多いこの通りで群を抜いて可愛らしく、アットホームな雰囲気だから旅行者にも入りやすい。

アンドラロング通りの一本南側を走るトレージェロング通り沿いの『ブルワーズ・ビアバー』も外せない一軒だ。この店もピザが人気で、食事時は混み合っている。そのまま少し歩いてストックホルム発のクラフトビール『オムニポロ』のおしゃれなバーや、自家

醸造ビールを揃える映画館ハガビオン（P.110）のバーをハシゴするのもいい。どのバーも連日、深夜0時前後までは開いているので食事をした後に一杯と気軽に立ち寄ることもできる。

　地元客で混み合うカウンターで注文するのは気後れする、という人もいるかもしれない。でもこれまでの経験でいえば、クラフトビアバーの店員は概ね親切でおすすめ上手だ（愛想がないことはあるけれど）。北欧サイズの大男たちに囲まれていてもちゃんと見つけて声をかけてくれるし、どの銘柄を注文していいかわからなかったら「フルーティな味」とか「酸味のあるビール」と好みの味を伝えれば店によっては試飲させてくれる。疲れて何も考えられなかったら、「あなたの今日のイチ押しビールをください」でもいい。私はよくそうやって注文して、おいしい一杯にありつけている。

　ちなみに最近はキャッシュフリー（現金不可）のバーが増えた。ビアバー巡りをする時はクレジットカードを忘れずに。

ランチをテイクアウト # 大当たり

とりあえずアイス # ライオンとクマ

One day in Göteborg

9:30	スティーブンと コーヒー巡り
11:15	テイクアウトできる 昼食を探す
11:45	トラムで街見学
12:30	フェリーでアーキペラゴへ
13:00	ビーチで昼食。泳ぐ
15:15	カフェでフィーカ
16:00	帰りのフェリーから ヨーテボリの街を眺める
17:10	市場をのぞく、街中を歩く
19:00	ビアバー巡り

オムニポロはマスト

デッキ席は満員

ヨーテボリの朝ごはん、夜ごはん

Da Matteo

Magasinsgatan 17A
https://damatteo.se/

市内に５軒ある中で、ベーカリー併設で焼き立てが味わえる。ライ麦の黒パンを使ったヘルシーなオープンサンドは朝食におすすめ。

JOS

Lilla Kyrkogatan 3
https://www.joshalsocafe.se/

「キング・オブ・インスタ映え」の称号を贈りたい、おいしくて見た目にも元気をもらうパワーボウルが揃う。ビタミン補給はこの店で。

Magazzino

Magasinsgatan 3
http://magazzino.se/

在住のイタリア人も太鼓判を押すという人気のイタリアン。ヨーテボリ産の魚介を使ったリゾットやカルパッチョが美味。

BORD 27

Haga kyrkogata 14
https://www.bord27.se/

北欧らしいインテリアが素敵なモダンスカンジナビア料理レストラン。接客もよく、カジュアルな雰囲気も嬉しい。

ボルボの街

ボルボがじつは北欧スウェーデンの車だと知らない人は意外に多い。スウェーデンにあったもうひとつの自動車メーカー、サーブは昔はボルボとしのぎを削る存在だったのが経営が悪化して倒産してしまったので、現在はボルボが世界規模の自動車会社としては唯一の存在となった。映画化もされたスウェーデンの大ヒット小説『幸せなひとりぼっち』ではサーブ派の主人公と、ボルボ派の隣人が新車に買い換えては火花を散らすくだりがあって、スウェーデンの観客にはそのシーンが大ウケだったという。どうやらサーブは労働者の車、ボルボはハイソな層に好まれる、そんな図式があるらしい。

ヨーテボリはボルボの生まれ故郷であり、いまも本社を構える街だ。街を走る車のボルボ率は高く、タクシーを利用するとたいていボルボがやってくる。ヨーテボリの街中から西に進んだ海沿いにはボルボ・ミュージアムがあり、1927年から始まった社の歴史や歴代のモデルが展示されている。ちなみに遊園地のリセベリでは車をぶつけあって楽しむアトラクション、バンパーカーの車体をすべてボルボのビンテージモデルにしていた時期がある。今は別のデザインにリニューアルしてしまったのが残念だけれど街中でもたまに、現役で走っているビンテージモデルを見かけることがある。

ボルボに勤める方から聞いて驚いたのが、スウェーデンでは自動車事故が起きるとボルボのスタッフが現場検証に立ち会うのだという。事故のデータや情報は、ボルボカーの安全性をさらに高めるために役立てられる。事故現場の検証に私企業の自動車会社が立ち会えるなんてびっくりだけれど、創業以来、一貫して安全性に注力してきたこの会社らしいエピソードだし、安全性や利便性など暮らしやすさに直結する物事について国が柔軟に対応するのはスウェーデンらしい。

ヨーテボリを出発する日、荷物もだいぶ増えていたので空港までタクシーを頼むとボルボのステーションワゴンが迎えにきてくれた。ステーションワゴンはボルボの代表的な型で、大荷物を抱える身には荷室が広いのがありがたい。ワゴンタイプの大型タクシーを頼めば割高になってしまうところ、通常タクシーと同料金なのも助かった。無事に荷物をすべて積み込むと、高速道路を時速130キロで豪快に飛ばしていった。このくらいのスピードを出すとボルボならではの乗り心地の良さを改めて体感できる。空港に着くとボルボの新型V60が展示してあった。最後までボルボ尽くし。ミュージアム以外でもボルボの魅力に触れられるのがヨーテボリという街なのだ。

ルンドの書店（P.66）で
みつけたスウェーデン語の絵本

Fine Little Day（P.102）
のブランケットと
ポストカード

スウェーデン西海岸のおみやげ

Stigbergets
（P.113）の
Tシャツ

Teddys Antikshop
（P.16）で買った
ゾウの置物

Brewski（P.79）のコースターとトートバッグ

Brewski（P.79）、Stigbergets（P.113）
Lundabryggeriet（P.59）のクラフトビール

ガーデンショー
（P.32）でみつけた
りんご園のジャム

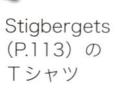

フレドリクスダール（P.86）でみつけた国旗色のポットマット、
ダーラナホースのしおり、木製スプーンとバターナイフ

Liebling（P.27）の
オリジナルカード

Ebbas Fik（P.72）の
Tシャツ

Chocolatte（P.71）の
プラリネと板チョコ

LOVE COFFEE（P.52）
KOPPI（P.76）のコーヒー豆

あとがき

旅という薬がないと、
もう生きていけないのかもしれない。
名所を巡る良薬の旅もいいし、
刺激たっぷりの劇薬もいいけれど
私には北欧の旅が効く。

「そんなやり方もあるのか」
「ああ、それでいいんだ」
旅の途中の気づきや感動は、
後からじわじわと効いてくる。
冒険だけが旅じゃない。

旅以上に、心と体に効くものが
いまのところ私にはみつからない。

みんな、旅に出よう。
知らない街で、日々を過ごそう。
旅先に、行きつけをつくろう。
帰りたくなる場所をみつけよう。

いまはまだ時間がない、という人も
もしこの本を読んで
スウェーデン西海岸の旅と日々を
一緒に感じてくれたらとても嬉しい。

スウェーデン西海岸の魅力を
教えてくれた現地のみなさん、
日本で協力してくれたみなさん

思わず笑みがこぼれる
素晴らしい表紙と写真とデザインを
実現したできすぎ氏と
この本を作る機会をくれたハカセ氏に感謝をこめて。

Find your "hangout" in Scandinavia.
北欧で、あなたの行きつけをみつけよう。

森　百合子

本書に掲載されているのは2018年8月時点の情報です。店舗の運営状況や
電車の運行状況は変わることもあるので、最新情報を確認してください。

3度めの北欧　スウェーデン西海岸、空とカフェの日々

初版発行　2018年9月28日

文・写真　森 百合子
写真・デザイン・装幀　森 正岳

編集　荒木 重光
発行人　近藤 正司
発行所　株式会社スペースシャワーネットワーク
東京都港区六本木 3-16-35 イースト六本木ビル
編集　tel 03-6234-1222　fax 03-6234-1223
営業　tel 03-6234-1220　fax 03-6234-1221
http://books.spaceshower.net/
印刷・製本　大日本印刷

Special Thanks
"Tack så mycket!"
Miho Hellén-Halme, Fredrik Hellén-Halme, Mocca, Steven Moloney, Brian W. Jones, Elisabeth Dunker, Satoko Kobayashi Fridolf, Daniel Remheden, Charles Nystrand, Anne Lunell, Rie Hanao, Björn Clementz, Marcus Hjalmarsson, Mike Field, Ebba Jarnhag, Martin Josephat, Martin Permer, West Coast Jitterbugs, Karl Backström, 野寺ちひろ , 坂尾 篤史 , 畑山 真一郎 , 川野 亮 , 福岡桃子 , Pigalle Tokyo, Ian Walker

ISBN　978-4-909087-18-8
printed in japan